ISBN 978-0-244-67894-490000

■ Índice

■ Introducción

Los comandos que incluye el sistema operativo Windows, y que son ejecutados desde una terminal por el intérprete de comandos, mantienen una misma estructura en su funcionalidad que responde a algunos criterios no escritos:

☐ *Cuando se ejecuta un comando con /? como único argumento se muestra la ayuda*

Al ejecutar un comando, con el único argumento **/?,** se muestra la ayuda en la que aparece una descripción de uso del comando y la sintaxis del mismo con una explicación sencilla del significado de cada argumento que se puede incluir.

```
C:\Users\usuario>copy /?
Copia uno o más archivos en otra ubicación.

COPY [/D] [/V] [/N] [/Y | /-Y] [/Z] [/L] [/A | /B ] origen [/A | /B]
     [+ origen [/A | /B] [+ ...]] [destino [/A | /B]]

    origen       Especifica el archivo o archivos que deben copiarse.
    /A           Indica un archivo de texto ASCII.
    /B           Indica un archivo binario.
    /D           Permite que el archivo de destino se cree sin cifrar.
    destino      Especifica el directorio y/o el nombre de archivo de los
                 nuevos archivos.
    /V           Comprueba si los nuevos archivos están escritos
                 correctamente.
    /N           Si está disponible, usa un nombre de archivo corto al copiar
                 un archivo cuyo nombre no tiene el formato 8.3.
    /Y           Suprime la solicitud de confirmación antes de
                 sobrescribir un archivo de destino existente.
    /-Y          Solicita confirmación antes de sobrescribir un archivo de
                 destino existente.
    /Z           Copia archivos de red en modo reiniciable.
    /L           Si el origen es un vínculo simbólico, copia el vínculo al
                 destino en lugar del archivo real al que apunta el vínculo.

El modificador /Y puede preestablecerse en la variable de entorno COPYCMD.
Esto puede anularse con el modificador /-Y en la línea de comando.
La confirmación del usuario se solicita de forma predeterminada antes de
sobrescribir algo, excepto si el comando COPY se ejecuta desde un script por
lotes.

Para anexar archivos, especifique un único archivo de destino pero
varios archivos de origen (con caracteres comodines o el formato
archivo1+archivo2+archivo3).

C:\Users\usuario>_
```

Este formato de sintaxis es uniforme entre los distintos comandos:

- *TEXTO ESCRITO EN MAYÚSCULAS,* ha de ser escrito tal cual. En el ejemplo, si se quiere incluir el argumento que indica que el archivo que se copia es de tipo binario, hay que escribir exactamente **/B** (el intérprete de comandos en los sistemas Windows no distingue entre mayúsculas y minúsculas, por lo tanto, habría sido igual de válido escribir **/b**).
- *texto escrito en minúsculas* ha de ser sustituido por el tipo de información que se indica en la información del argumento. En el ejemplo, el argumento *origen* ha de ser sustituido por el nombre del archivo que se copia, por ejemplo por *C:\Users/user/Documents/letter.doc.*

- *[Argumento encerrado entre corchetes]* indica que el argumento es opcional, se puede incluir o no. En el ejemplo, el argumento **/Z** se puede incluir o no.
- *Argumentos separados por barra de pipe* **|**, indica que solo se puede incluir uno de los dos argumentos que aparecen separados por ella. En el ejemplo, **[/A|/B]** indica que o se pone **/A** o se pone **/B,** pero no ambos. Como además están encerrados entre corchetes es posible no poner ninguno.
- *Argumento seguido de tres puntos* ... indica que el argumento puede repetirse un número indeterminado de veces. En el ejemplo, **[+ ...]** indica que el argumento *+origen* **[/A|/B]** puede aparecer repetido varias veces.

- Los siguientes serán usos válidos del comando **copy**:
  -
        copy c:\users\user\Documents*.txt d:\Data
        copy c:\Forms*.*
        copy c:\Forms\asdf.bin /b d:\Data
        copy /Y one.txt+two.txt d:\Data\three.txt

  □ *Cuando no hay error en la ejecución del comando, si este muestra información, lo hace por el canal estándar, canal 1 o canal por defecto* **STDOUT**, *poniendo en la variable de entorno* **ERRORLEVEL** *un valor de 0.*

```
C:\Users\usuario>dir
 El volumen de la unidad C no tiene etiqueta.
 El número de serie del volumen es: 087E-D4F3

 Directorio de C:\Users\usuario

29/03/2018  12:28    <DIR>          .
29/03/2018  12:28    <DIR>          ..
30/03/2016  19:37    <DIR>          Contacts
04/10/2016  22:47    <DIR>          Desktop
29/03/2018  12:28    <DIR>          Documents
04/10/2016  22:59    <DIR>          Downloads
30/03/2016  19:37    <DIR>          Favorites
30/03/2016  19:37    <DIR>          Links
30/03/2016  19:37    <DIR>          Music
30/03/2016  19:37    <DIR>          Pictures
30/03/2016  19:37    <DIR>          Saved Games
29/03/2018  12:11    <DIR>          scripts
30/03/2016  19:37    <DIR>          Searches
30/03/2016  19:37    <DIR>          Videos
               0 archivos              0 bytes
              14 dirs    8.454.979.584 bytes libres

C:\Users\usuario>echo %ERRORLEVEL%
0

C:\Users\usuario>dir 1>nul

C:\Users\usuario>dir >nul

C:\Users\usuario>
```

En el ejemplo, el comando **dir** se ha ejecutado con normalidad, ha mostrado información en la salida estándar y como puede verse en los últimos comandos del ejemplo, ha activado la variable de entorno **ERRORLEVEL** a **0**. Los **dir** con redirección demuestran que la salida del comando sin error sale por el canal **1**.

☐ *Cuando hay un error de uso, se muestra un mensaje de error por la salida de error, canal 2 **STDERR**, y se pone en la variable de entorno **ERRORLEVEL** un valor distinto de 0*

```
C:\Users\usuario>dir /JS
El modificador no es válido: "JS".

C:\Users\usuario>echo %ERRORLEVEL%
1

C:\Users\usuario>dir /JS 2>nul

C:\Users\usuario>
```

En el ejemplo, se ve un uso incorrecto del comando **dir** por no ajustarse al formato visto en la ayuda. No hay ningún argumento **/JS**. También se ve que se ha activado el nivel de error **1** y que el mensaje de error ha salido efectivamente por el *canal de error*, canal **2**.

Hay comandos que además de mostrar el mensaje con el error nos muestran cómo conseguir ayuda sobre el mismo:

```
C:\Users\usuario>reg /asd
ERROR: argumento u opción no válidos - '/asd'.
Escriba "REG /?" para obtener detalles de uso.

C:\Users\usuario>
```

Y otros que nos muestran directamente la ayuda:

```
C:\Users\usuario>mklink
Crea un vínculo simbólico.

MKLINK [[/D] | [/H] | [/J]] Vínculo Destino

        /D      Crea un vínculo simbólico a un directorio. El valor
                predeterminado es un vínculo simbólico a un archivo.
        /H      Crea un vínculo físico en lugar de un vínculo simbólico.
        /J      Crea una unión de directorios.
        Vínculo Especifica el nombre del nuevo vínculo simbólico.
        Destino Especifica la ruta (relativa o absoluta) a la que hace
                referencia el nuevo vínculo.

C:\Users\usuario>echo %ERRORLEVEL%
1

C:\Users\usuario>
```

El propósito de este libro es aprender a realizar archivos de comandos de tipo **bat** que en su funcionamiento se asemejen lo más posible a los comandos *"normales"* y por lo tanto implementen estas funcionalidades no escritas y mencionadas en este punto.

Este libro está pensado para profesionales informáticos o administradores de sistemas con amplios conocimientos de la consola de comandos, de los distintos comandos que incorpora el sistema operativo, de interpretación de documentación técnica, así como de conceptos tales como *tuberías*, *redirección de la salida y de la entrada* de los comandos y del *entorno* de la consola. A medida que vayan apareciendo estos conceptos, se mostrará una pequeña información de los mismos. De todas formas, sería aconsejable la consulta de documentación más amplia sobre comandos para poder realizar un aprovechamiento completo de lo que se referirá a continuación.

■ ECHO. Salida de información de los comandos

Los comandos en su ejecución, además de realizar tareas específicas como por ejemplo dar formato a un sistema de archivos o modificar una entrada del registro, suelen mostrar información al usuario de la consola de comandos.

Existen dos canales por los que los comandos muestran o sacan información para que el usuario esté avisado del funcionamiento del mismo. Estos dos canales son *STDOUT* o salida estándar para la información generada en un uso correcto del comando, es decir, sin errores, y un segundo canal *STDERR* para la información proveniente de funcionamiento con error del comando. Tienen asignados los números de canal **1** y **2** respectivamente y su vía de salida para ambos de forma predefinida es la consola. Así, por ejemplo, la ejecución del siguiente comando se realizará, en principio, de forma correcta y la información la podremos ver a través del canal **1**, *STDOUT*:

```
C:\Users\usuario>dir c:\windows\system32\drivers\etc
 El volumen de la unidad C no tiene etiqueta.
 El número de serie del volumen es: DC57-0355

 Directorio de c:\windows\system32\drivers\etc

14/07/2009  04:20    <DIR>          .
14/07/2009  04:20    <DIR>          ..
10/06/2009  22:00               824 hosts
10/06/2009  22:00             3.683 lmhosts.sam
10/06/2009  22:00               407 networks
10/06/2009  22:00             1.358 protocol
10/06/2009  22:00            17.463 services
               5 archivos         23.735 bytes
               2 dirs  33.038.540.800 bytes libres

C:\Users\usuario>_
```

Pero si el comando fuera

```
C:\Users\usuario>dir c:\win\system32\drivers\etc
El sistema no puede encontrar la ruta especificada.

C:\Users\usuario>
```

Se produce un error y veríamos la información generada por el canal **2**, *STDERR*

Mediante redirección podemos confirmar que salen por canales distintos, aunque aparentemente la veamos sobre la misma consola.

Redirección de la salida de los comandos

La salida estándar por el canal **1**, **STDOUT** o de error canal **2 STDERR** se puede redireccionar a un archivo o dispositivo incluyendo uno o dos símbolos **>** (mayor que) al final del comando y precediéndolo del número del canal que se quiere redireccionar. Así, por ejemplo, si queremos redireccionar la salida estándar (canal **1**) del comando **dir** del ejemplo anterior, escribiríamos

```
dir c:\windows\system32\drivers\etc   1>c:\datos\archivos.txt
```

Tras el comando, el archivo *C:\datos\archivos.txt* contendrá la información que hubiera salido por la consola si no hubiéramos incluido la redirección. Si el archivo no existía antes de ejecutar el comando será creado y llenado con la información generada por el comando. Si el archivo ya existía, será vaciado de contenido y llenado con la información generada por el comando.

El número del canal se puede omitir, en cuyo caso se toma el valor **1** por defecto. Por lo tanto, el resultado habría sido el mismo si hubiéramos ejecutado:

```
dir c:\windows\system32\drivers\etc >c:\datos\archivos.txt
```

Si hubiéramos querido redireccionar la salida de error habríamos incluido un **2** delante del símbolo **>**

```
dir c:\windows\system32\drivers\etc 2>c:\error.txt
```

Es posible incluir la redirección para los dos canales de forma independiente:

```
dir c:\windows\system32\drivers\etc  >c:\datos\archivos.txt
                                     2>c:\error.txt
```

Lo que significaría: "*Ejecuta el comando, la información generada sin condición de error la envías al archivo c:\datos\archivos.txt y la información debida a condición de error la envías al archivo c:\error.txt*"

Si en lugar de poner un símbolo **>** incluimos dos **>>** conseguiremos que el contenido anterior del archivo, si lo tuviera, no se pierda y la información generada por el comando se añadiría a este contenido anterior:

```
dir c:\windows\ >>c:\datos\archivos.txt
```

En la codificación de archivos **bat** es frecuente ejecutar comandos con el único propósito de determinar si el comando da error o no para interrogar a continuación el valor de la variable %**ERRORLEVEL**%, no teniendo interés la información generada por el comando, tanto de la salida estándar como la de error.

En este caso lo que haremos será enviar ambas salidas, o una de ellas según el caso, al dispositivo **nul** que viene a ser como un agujero negro. Toda información enviada a él desaparece. El siguiente comando nos servirá para determinar, a través de la variable **%ERRORLEVEL%** si la carpeta **c:\datos\facturas** existe o no

```
dir /ad c:\datos\facturas >nul 2>nul
```

Si la carpeta existe, la variable **%ERRORLEVEL%** contendrá **0** y si no existe contendrá **1** y no se verá ningún mensaje en la pantalla. El siguiente ejemplo muestra un mensaje si la carpeta existe u otro distinto si no existe.

```
dir /ad c:\datos\facturas >nul 2>nul
if ERRORLEVEL 1 (
   echo la carpeta existe
) else (
   echo la carpeta no existe
)
```

Es posible redireccionar la salida de un canal al otro. Por ejemplo, si queremos redireccionar la salida de un comando desde el canal **1** al canal **2** escribiríamos **1>&2** al final del comando y si quisiéramos redireccionar la salida de error del comando a la salida estándar escribiríamos **2>&1**. En el siguiente comando tanto la salida estándar como la de error van a parar al archivo *c:\salida.txt*

```
dir /ad c:\datos\facturas >c:\salida.txt 2>&1
```

Hay que mencionar que no está permitida la redirección de ambos canales de forma separada al mismo archivo., Por ejemplo, el comando que puede parecer similar al anterior

```
dir /ad c:\datos\facturas >c:\salida.txt 2>c:\salida.txt
```

Producirá un error con el siguiente mensaje "*El proceso no tiene acceso al archivo porque está siendo utilizado por otro proceso.*"

Nótese también que cuando en una línea de comando aparecen varios comandos separados por caracteres **&** o **|**, la redirección solo afecta al comando inmediatamente anterior. Por ejemplo, en el siguiente comando

```
dir c:\windows & dir c:\windows\system32 > c:\archivos.txt
```

Solo quedará almacenada la salida del comando **dir c:\windows\system32** en el archivo **c:\archivos.txt**. Si quisiéramos almacenar ambas salidas no tenemos más que encerrar entre paréntesis ambos comandos de la siguiente manera:

```
(dir c:\windows & dir c:\windows\system32) > c:\archivos.txt
```

11

Dentro de un archivo bat, la salida de información tanto por un canal como por otro se realizará principalmente a través del comando **echo** con el que podremos dar formato a la salida generada por el fichero, impidiendo que los comandos usados muestren su propia información de forma directa sobre la consola. Por lo tanto, es bastante frecuente que los comandos usados dentro de un archivo bat tengan su salida redireccionada al dispositivo **nul**.

El formato del comando **echo** es muy sencillo

```
ECHO [ON|OFF|mensaje]
```

De forma predeterminada los comandos que componen un archivo **bat** son mostrados previamente a su ejecución. En el ejemplo siguiente se aprecia:

```
date /t
time /t
```

```
C:\Users\usuario\scripts>archivo

C:\Users\usuario\scripts>date /t
05/08/2016

C:\Users\usuario\scripts>time /t
11:31

C:\Users\usuario\scripts>
```

Se ve que en la ejecución del fichero *archivo.bat* se van mostrando los comandos que se van ejecutando, además de la propia salida del comando. Se dice que los comandos en un archivo **bat** tienen por defecto el *ECHO* activado. Controlar esto es el propósito de los argumentos **ON** y **OFF** del comando **echo.** Si el *ECHO* estuviera desactivado (**echo off**) solo se vería la información generada por los comandos, pero no se vería al propio comando:

```
echo off
date /t
time /t
```

```
C:\Users\usuario\scripts>archivo

C:\Users\usuario\scripts>echo off
05/08/2016
11:30

C:\Users\usuario\scripts>
```

Se ve que a partir del comando **echo off**, ya no se ve qué comando se ejecuta, pero se ve el *ECHO* del comando **echo off**.

El *ECHO* de un comando en particular se puede desactivar precediendo dicho comando del carácter **@**. Por lo tanto, la forma correcta de comenzar un archivo **bat** será **@echo off** para impedir que ningún comando del fichero haga *ECHO*

```
@echo off
date /t
time /t
```

```
C:\Users\usuario\scripts>archivo
05/08/2016
11:32

C:\Users\usuario\scripts>_
```

El uso más habitual del comando **echo** es para mostrar información por alguno de los dos canales de salida con la información que generará el propio archivo **bat**. En el caso anterior, si hubiéramos querido personalizar la salida del archivo bat, podríamos haber hecho:

```
@echo off
echo fecha de hoy: %date%
echo hora actual: %time%
```

```
C:\Users\usuario\scripts>archivo
fecha de hoy: 05/08/2016
 hora actual: time
C:\Users\usuario\scripts>_
```

Vemos que echo **Fecha de hoy: %date%** ha mostrado el mensaje *Fecha de hoy:* seguido del contenido de la variable de entorno **%date%** que almacena en todo momento la fecha del sistema.

Si queremos mostrar una línea en blanco deberemos usar el formato **echo.** ya que si se invoca el comando **echo** sin argumentos, lo que hace es mostrarnos el estado de activación del *ECHO*.

```
@echo off
echo
echo fecha de hoy: %date%
echo.
echo hora actual: %time%
```

```
C:\Users\usuario\scripts>archivo
ECHO está desactivado.
fecha de hoy: 05/08/2016

 hora actual: time

C:\Users\usuario\scripts>_
```

Se ve en la segunda línea del archivo bat, que se ha ejecutado **echo** sin argumentos, y que en la salida se ha mostrado *ECHO está desactivado* en lugar de una línea en blanco. La cuarta línea sí que muestra una línea en blanco.

Hay determinados caracteres que tiene un significado especial cuando aparecen en una línea de comando como por ejemplo **> & | * ?** etc. Si queremos mostrar uno de estos caracteres, tendremos que *escaparlos* (precederlos del carácter ^) Por ejemplo, para mostrar el formato de un archivo bat que admite un argumento opcional **/A** o de forma alternativa **/B**:

```
@echo off
echo.
echo FORMATO:
echo.
```

```
echo            ARCHIVO [/A^|/B]
echo.
```

```
C:\Users\usuario\scripts>archivo

FORMATO:

        ARCHIVO [/A|/B]

C:\Users\usuario\scripts>
```

Esta forma de *escapar* los caracteres *especiales* es válida generalmente, pero hay un caso en que esto no funciona: cuando se quiere mostrar **/?** inmediatamente después de **echo.** Por ejemplo, para mostrar el significado del argumento **/?** al mostrar la ayuda de un comando. En el siguiente ejemplo se muestra:

```
@echo off
echo.
echo FORMATO:
echo.
echo                     ARCHIVO [/A^|/B^|/?]
echo.
echo /A   formato texto ASCII
echo /B   formato binario
echo /?   muestra esta ayuda
echo.
```

```
C:\Users\usuario\scripts>archivo

FORMATO:

        ARCHIVO [/A|/B|/?]

/A    formato texto ASCII
/B    formato binario
Muestra mensajes o activa y desactiva el eco del comando.

  ECHO [ON | OFF]
  ECHO [mensaje]

Escriba ECHO sin parámetros para mostrar la configuración actual del eco.

C:\Users\usuario\scripts>
```

Se ve que el comando **echo /? muestra esta ayuda** no muestra lo que se esperaba, sino que muestra la ayuda del propio comando **echo**. La solución a esto es sencilla, no hay más que incluir un punto al igual que hacíamos para hacer un salto de línea en blanco:

```
@echo off
echo.
echo FORMATO:
echo.
echo                     ARCHIVO [/A^|/B^|/?]
echo.
```

```
echo /A   formato texto ASCII
echo /B   formato binario
echo. /? muestra esta ayuda
echo.
```

```
C:\Users\usuario\scripts>archivo
```

```
FORMATO:

      ARCHIVO  [/A|/B|/?]

/A    formato texto ASCII
/B    formato binario
/?    muestra esta ayuda
```

```
C:\Users\usuario\scripts>
```

La salida del comando **echo** la hace de forma predeterminada por el canal **1** *STDOUT*. Cuando un archivo **bat** detecta una condición de error debería mostrar un mensaje de error por el canal de error *STDERR* y activar una condición de error en la variable **ERRORLEVEL**. El siguiente ejemplo muestra como si el archivo **config.php** no existe en la carpeta activa se muestra un mensaje de error por el canal **2** *STDERR*, se activa **ERRORLEVEL** con un valor de **1**. Si, por el contrario, el archivo existe se muestra un mensaje por el canal **1** *STDOUT,* indicando que existe, y activando la condición de error a **0**.

```
@echo off
if NOT EXIST c:\config.php (
   echo el archivo config.php no existe 1>&2
   exit /b 1
) else (
   echo el archivo config.php ha sido encontrado
   exit /b 0
)


C:\Users\usuario\scripts>archivo
el archivo config.php no existe

C:\Users\usuario\scripts>echo %errorlevel%
1

C:\Users\usuario\scripts>
```

Comando EXIT

Abandona el programa **CMD.EXE** (intérprete de comandos) o el archivo bat actual.

`EXIT [/B] [código]`

/B   especifica que se debe abandonar el archivo bat y no **CMD.EXE**. Si se ejecuta desde fuera de un archivo bat, abandonará **CMD.EXE**

código   especifica un número que indica el código de error que se almacenará en la variable **ERRORLEVEL** al salir de la actual sesión del intérprete de comandos si no se indicó el argumento **/B** o al salir del actual archivo bat si se indicó el argumento.

En la cadena del mensaje que **echo** muestra no se pueden incluir caracteres con un significado especial como se hace en otros lenguajes del estilo \n o \t para hacer un salto de línea o insertar un tabulador. El salto de línea se puede simular de la siguiente manera:

- Dado que dos comandos se pueden ejecutar en una única línea separándolos por **&**, almacenamos en una variable de entorno con nombre **CR** por ejemplo:

  ```
  set CR=^& echo.
  ```

- Cuando queramos insertar un salto de línea en un comando **echo** no tenemos más que insertar el contenido de la variable **%CR%**

  ```
  C:\Users\usuario>set CR=^& echo.

  C:\Users\usuario>echo una línea %CR%otra línea
  una línea
  otra línea

  C:\Users\usuario>
  ```

En realidad, lo que el intérprete ha ejecutado es el comando:

```
echo una línea & echo.otra línea
```

■ Variables de entorno y argumentos de la línea de comandos

Ya sabemos que lo que se llama entorno (**environment**) no es más que una zona de memoria en donde el sistema almacena información representada por nombres de variables. Así por ejemplo, la *variable de entorno* con nombre **PATHEXT** contiene la lista de extensiones de archivos, separadas por ; que el sistema considera ejecutables

```
C:\Users\usuario>echo %PATHEXT%
.COM;.EXE;.BAT;.CMD;.VBS;.VBE;.JS;.JSE;.WSF;.WSH;.MSC

C:\Users\usuario>
```

Sabemos que hay variables de entorno que el sistema crea para su uso propio, como la anterior, y que también es posible que un usuario gestione sus propias variables de entorno y que también gestione el contenido de alguna de las variables de entorno del sistema, como por ejemplo la variable **PATH** o la variable **PROMPT.**

Sabemos también que para referirnos a una de ellas en la línea de comando incluimos su nombre encerrado entre símbolos % como se ha visto en el ejemplo.

Para dar, borrar o modificar el contenido de una variable de entorno utilizamos el comando **set** o el comando **setX**. El comando set en su formato más simple aparece:

```
SET [variable[=[cadena]]]
```

Ejecutado sin argumentos, nos muestra el valor de las variables de entorno en este momento. Sin embargo, en este listado no se muestran las llamadas variables de entorno *dinámicas* que son variables cuyo contenido se construye en el momento en que son invocadas y por lo tanto no son gestionadas por el usuario, sino que lo son por el sistema, entre ellas

%CD%	se expande a la cadena del directorio actual.
%DATE%	se expande a la fecha actual
%TIME%	se expande a la hora actual
%RANDOM%	se expande a un número decimal aleatorio entre 0 y 32767.
%ERRORLEVEL%	se expande al valor de NIVEL DE ERROR actual.

Si se invoca **set** con el nombre de una variable se mostrarán todas aquellas variables que comiencen por el nombre especificado.

Si se invoca con un nombre de variable seguido de un **=,** la variable referida se eliminará del entorno actual.

Y por último si se suministra un nombre de variable un *igual* y un *valor*, ese valor se almacena dentro de la variable. Si la variable no existiera con anterioridad, la variable será creada con ese contenido. Si ya existiera, la variable perderá su contenido anterior y tomará el nuevo valor. Si deseáramos mantener el anterior valor y añadirle uno nuevo haríamos, por ejemplo:

```
SET PATH=%PATH%;C:\Public\scripts
```

Que añade la carpeta **C:\Public\scripts** al valor actual de la variable **PATH**.

El comando **SET** admite también el formato:

```
SET "variable=cadena"
```

La modificación del contenido de una variable solo afecta al entorno actual, es decir, el contenido de la variable modificada se recuperará al salir del entorno actual. Cuando se abre una nueva consola de comandos (**cmd.exe** o **start.exe**) el entorno al que se tiene acceso es una copia del entorno desde el que se lanza el comando de la nueva consola, o nueva *subshell.*

En el siguiente ejemplo se puede apreciar esto:

```
C:\Users\usuario>set dato=Salamanca

C:\Users\usuario>echo %dato%
Salamanca

C:\Users\usuario>cmd
Microsoft Windows [Versión 6.1.7601]
Copyright (c) 2009 Microsoft Corporation. Reservados todos los derechos.

C:\Users\usuario>echo %dato%
Salamanca

C:\Users\usuario>set dato=Zamora

C:\Users\usuario>echo %dato%
Zamora

C:\Users\usuario>exit

C:\Users\usuario>echo %dato%
Salamanca

C:\Users\usuario>
```

En la consola de comandos se da valor a una nueva variable llamada **dato**. A continuación, se invoca una nueva subshell con el comando **cmd**. Dentro de esta subshell se modifica el contenido de la variable **dato** y a continuación, una vez cerrada esta subshell (comando **exit**) se puede ver que el contenido de la variable **dato** no ha cambiado.

La ejecución de un archivo **bat** no abre ninguna nueva subshell y por lo tanto el entorno al que se tiene acceso es el mismo que el de la subshell desde el que ha sido invocado. En el siguiente ejemplo se puede ver:

```
@echo off
set dato=Valladolid
echo dato en pruebaSet.bat = %dato%
exit /b 0
```

```
C:\Users\usuario\scripts>set dato=Salamanca

C:\Users\usuario\scripts>echo %dato%
Salamanca

C:\Users\usuario\scripts>pruebaSet
dato en pruebaSet.bat = Valladolid

C:\Users\usuario\scripts>echo %dato%
Valladolid

C:\Users\usuario\scripts>
```

A menudo en los archivos **bat** se precisan variables de entorno temporales para uso exclusivamente dentro del archivo **bat.** En un principio podríamos solucionarlo creando la variable, usarla según necesidad y antes de terminar destruirla.

También podría necesitarse una variable con un contenido anterior que debamos modificar y que este cambio no debiera salir fuera al terminar la ejecución del archivo **bat.** Podría solucionarse almacenando el contenido inicial en una variable temporal, como las mencionadas en el punto anterior, y antes de salir del archivo **bat** recuperar su valor desde esta variable temporal.

Estas dos circunstancias se solucionarían fácilmente si dispusiéramos de un entorno local dentro del archivo **bat** en el que los cambios no modificasen el entorno de la subshell desde la que se invoca el propio archivo **bat.** Esta es la función de los comandos **setlocal** y **endlocal**. En el ejemplo siguiente se ve el anterior ejemplo con el uso de ambos comandos:

```
@echo off
setlocal
  set dato=Valladolid
  echo dato en pruebaSet.bat = %dato%
endlocal
exit /b 0
```

```
C:\Users\usuario\scripts>set dato=Salamanca

C:\Users\usuario\scripts>echo %dato%
Salamanca

C:\Users\usuario\scripts>pruebaSet
dato en pruebaSet.bat = Valladolid

C:\Users\usuario\scripts>echo %dato%
Salamanca

C:\Users\usuario\scripts>
```

El sangrado que aparece en los comandos dentro del ámbito de **setlocal** y **endlocal,** es para hacer más legible el código y no afecta para nada a la ejecución de los comandos.

Comando SETX

Permite cambiar el contenido de variables de entorno, de forma permanente, en el entorno del usuario o del sistema, es decir, permite modificar las variables de entorno que están anotadas en el registro en la rama del usuario **HKCU**, o la del sistema **HKLM**.

Su formato más simple es:

```
SETX variable valor [/M]
```

Por defecto la variable es modificada en la rama del usuario actual (**HKEY_CURRENT_USER\Environment**). Si se incluye el argumento **/M** entonces la variable es modificada en el entorno del sistema (**HKEY_LOCAL_MACHINE \SYSTEM\CurrentControlSet\Control\Session Manager\Environment**).

Los cambios no serán apreciables hasta que no se vuelva a iniciar una nueva subshell desde el entorno del usuario y por lo tanto las subshells ya activas no recogerán estos cambios.

```
SETX dato Palencia
```

Cambia en el entorno del usuario el contenido de la variable **dato**.

El comando **set** tiene un formato que nos permite realizar operaciones aritméticas con datos enteros.

```
SET /A expresión
```

La expresión estará formada por uno o varios operandos separados por algunos de los siguientes operadores. Todas las expresiones solo evalúan valores enteros en 32 bits y si en alguna expresión aparece un valor no numérico será tomado como el nombre de una variable de entorno.

Los datos negativos se almacenan en complemento a 2. Se pueden usar los siguientes operadores en las expresiones

()	agrupar
!	negación lógica (**0** false, **1** true)
~	complemento a 1
-	signo negativo
* / %	operadores aritméticos
+ -	operadores aritméticos
<< >>	desplazamiento lógico. Rellena con **0**
&	bit a bit y
^	bit a bit o exclusivo
|	bit a bit o
= *= /= %= += -= &= ^= |= <<= >>=	asignación y operación
,	separador de expresión

Si se usa cualquiera de los operadores lógicos o de módulo, será necesario escribir la expresión entre comillas. Los valores numéricos se pueden indicar en decimal y también en hexadecimal precediendo el valor con **0x** o en octal precediendo el valor con **0**, así por ejemplo el valor **255** expresado en hexadecimal se indicaría como **0xFF** y en octal como **0377**.

Si una variable aparece en una expresión y esta variable no se encuentra definida el comando tomará un valor de **0** para ella.

```
C:\Users\usuario>set /a 8+2
10
C:\Users\usuario>set /a 8*2
16
C:\Users\usuario>set /a 11/2
5
C:\Users\usuario>set /a 11%2
1
C:\Users\usuario>set /a ! 5
0
C:\Users\usuario>set /a ! 0
1
C:\Users\usuario>set /a ~ 1
-2
C:\Users\usuario>set /a "2 << 2"
8
C:\Users\usuario>set /a "6 >> 1"
3
C:\Users\usuario>set /a "7 & 4"
4
C:\Users\usuario>set /a "5 | 2"
7
C:\Users\usuario>set /a "5 ^ 3"
6
C:\Users\usuario>set  dato=8

C:\Users\usuario>set /a "dato+=3"
11
C:\Users\usuario>set /a "dato=(5*6)/(5-3)"
15
C:\Users\usuario>_
```

El comando **SET** también puede ser utilizado para pedir al usuario la introducción de un valor en una variable de entorno desde el teclado:

```
SET /P variable=[cadenaPrompt]
```

```
C:\Users\usuario>set /p dato=numero?
numero?
```

Expansión y sustitución de variables

Es posible extraer subcadenas del contenido de una variable de entorno, sustituir parte del contenido por otro o eliminar determinados caracteres de este contenido.

`%variable:str1=str2%`

Con el formato anterior podemos *sustituir* una cadena por otra en el contenido de una variable.

```
C:\Users\usuario>set dato=Salamanca ciudad de cultura

C:\Users\usuario>echo %dato:ciudad=CIUDAD%
Salamanca CIUDAD de cultura

C:\Users\usuario>_
```

O *borrar* un texto contenido

```
C:\Users\usuario>echo %dato%
Salamanca ciudad de cultura

C:\Users\usuario>echo %dato:ciudad=%
Salamanca  de cultura

C:\Users\usuario>_
```

O ambas

```
C:\Users\usuario>echo %dato%
Salamanca ciudad de cultura

C:\Users\usuario>echo %dato:ciudad=CIUDAD EUROPEA%
Salamanca CIUDAD EUROPEA de cultura

C:\Users\usuario>_
```

Se puede utilizar esta forma de sustitución de subcadenas para comprobar si una subcadena se encuentra incluida en otra:

```
@echo off
set /p cadena=cadena?
if /i "%cadena%"=="cadena:xx=" (
  echo la cadena xx no se encuentra en %cadena%
) else (
  echo la cadena xx se ha encontrado en %cadena%
)
```

```
C:\Users\usuario\scripts>inCadena.bat
cadena?En un lugar de la Mancha
la cadena  xx no se encuentra en En un lugar de la Mancha

C:\Users\usuario\scripts>inCadena.bat
cadena?hay un mesón xxxxx muy barato
la cadena xx se ha encontrado en hay un mesón xxxxx muy barato

C:\Users\usuario\scripts>_
```

Para extraer subcadenas del contenido de una variable de entorno se utiliza la sintaxis:

%variable:~[-]desplazamiento[,[-]longitud]%

desplazamiento indica la posición a partir de la cual se va a proceder a la extracción. *longitud* indica el número de caracteres que van a ser extraídos. Uno o ambos argumentos pueden tomar valores negativos que indican que se debe contar desde el final de la cadena, en lugar de desde el inicio.

```
C:\Users\usuario>set texto=1234567890abcdefg

C:\Users\usuario>echo %texto:~0,4%
1234

C:\Users\usuario>_
```

```
C:\Users\usuario>echo %texto:~-5,4%
cdef

C:\Users\usuario>echo %texto:~5,-4%
67890abc

C:\Users\usuario>echo %texto:~5%
67890abcdefg

C:\Users\usuario>_
```

No es posible incluir nombres de variables en el lugar de los argumentos *str1, str2,* desplazamiento o *longitud* de forma directa:

```
C:\Users\usuario>set inicio=3

C:\Users\usuario>echo %texto:~%inicio%,4%
1234567890abcdefginicio%,4%

C:\Users\usuario>
```

Pero si se puede hacer de forma indirecta. Para ello se debe *escapar* el primer el carácter: e invocar el comando de que se trate desde el comando **call**:

```
C:\Users\usuario>set inicio=3

C:\Users\usuario>call echo %texto^:~%inicio%,4%
4567

C:\Users\usuario>
```

Comando CALL

Ejecuta un archivo bat desde dentro de otro y continúa con la ejecución de este, o ejecuta una subrutina del propio archivo bat y continúa con el siguiente comando del fichero, o ejecuta un comando interno del intérprete de comandos con expansión de variables:

Su formato es:

```
CALL fichero.bat [argumentos]
CALL :etiqueta [argumentos]
CALL comando_interno [argumentos]
```

La primera forma lanza la ejecución del archivo bat indicado, pasándole los argumentos que se expresen y una vez terminada la ejecución de ese archivo bat se continúa la ejecución del primer archivo bat a partir del comando **call**.

Tengamos un archivo **pruebaCall.bat** con el siguiente contenido:

```
@echo off
echo en archivo pruebaCall.bat
echo.
echo invocando otro.bat
call otro.bat
echo.
echo saliendo de pruebaCall.bat
exit /b 0
```

Y otro **otro.bat**, con el siguiente contenido:

```
@echo off
echo.
echo en archivo otro.bat
echo.
echo saliendo de otro.bat
exit /b 0
```

Al ejecutar **pruebaCall.bat** obtendremos la siguiente salida:

```
en archivo pruebaCall.bat

invocando otro.bat

en archivo otro.bat

saliendo de otro.bat

saliendo de pruebaCall.bat
```

El segundo formato del comando **call** permite invocar un bloque de código dentro del propio archivo bat. Este bloque de código estará delimitado por una etiqueta (*label*) y un comando **exit** para indicar su fin. El ejemplo anterior incluyendo todo el código en un único fichero utilizando este segundo formato quedaría:

```
@echo off
echo.
echo en archivo pruebaCallSub.bat
echo.
echo invocando otro.bat
call otro
echo.
echo saliendo de pruebaCallSub.bat
exit /b 0

:otro
echo.
echo en sub otro
echo.
echo saliendo de sub otro
exit /b 0
```

Produciendo una salida:

```
en archivo pruebaCallSub.bat

invocando otro.bat

en archivo otro.bat

saliendo de otro.bat

saliendo de pruebaCall.bat
```

Por último, el tercer formato permite ejecutar comandos internos del intérprete de comandos. La diferencia en cuanto a ejecutar los comandos directamente sin invocar **call** es que expande las variables antes de su invocación. En el siguiente ejemplo se ve:

```
C:\Users\usuario>set nombre=Salamanca

C:\Users\usuario>set cuantos=3

C:\Users\usuario>set dato=%nombre^:~0,%cuantos%%

C:\Users\usuario>echo %dato%
%nombre:~0,3%

C:\Users\usuario>call set dato=%nombre^:~0,%cuantos%%
```

```
C:\Users\usuario>echo %dato%
Sal

C:\Users\usuario>
```

La llamada a **set** sin el comando **call** no expande la variable *cuantos*, mientras que con **call** si lo hace. Este formato no funciona cuando el comando interno invocado es **IF** o **FOR**.

Cada **call** hace una sustitución de variables por lo que se pueden hacer varios **call** anidados si se necesita.

En la mayoría de los casos es mejor solución el uso de **delayedExpansion** que se verá más adelante en lugar de la invocación de los comandos con **call.**

■ Argumentos de la línea de comando

Cuando se invoca un comando desde el intérprete de comandos o desde una línea de un archivo bat, es posible acompañar la invocación de uno o varios argumentos. Los argumentos quedan delimitados por un separador que normalmente es un espacio pero que también puede ser una coma o un punto y coma. Así los siguientes comandos serían equivalentes:

```
dir /b c:\windows
dir /b,c:\windows
dir /b;c:\windows
```

Estos comandos de ejemplo tienen dos argumentos tras el nombre del comando. Los argumentos quedan identificados por su posición relativa dentro de la línea de comando. Así **/b** es el argumento número **1** y **c:\windows** sería el argumento número **2** (el propio comando tiene asociado el número de argumento **0**).

Si el comando invocado es un archivo bat, es posible referenciar estos argumentos dentro del propio archivo refiriéndonos a ellos como **%1, %2 ... &9** (y al propio comando cómo **%0.** La referencia **%*** contiene toda la lista de argumentos)

```
@echo off
echo.
echo argumentos suministrados
echo =======================
echo.
echo argumento 1: %1
echo argumento 2: %2
echo argumento 3: %3
echo argumento 4: %4
echo argumento 5: %5
echo argumento 6: %6
echo argumento 7: %7
echo argumento 8: %8
echo argumento 9: %9
echo.
echo comando ejecutado: %0
echo lista de argumentos: %*
```

```
C:\Users\usuario\scripts>listaArgumentos.bat alfa beta gamma

argumentos suministrados
========================

argumento 1: alfa
argumento 2: beta
argumento 3: gamma
argumento 4:
argumento 5:
argumento 6:
argumento 7:
argumento 8:
argumento 9:

comando ejecutado: listaArgumentos.bat
lista de argumentos: alfa beta gamma

C:\Users\usuario\scripts>
```

Cuando el contenido de un argumento es un elemento del sistema de archivos se pueden utilizar modificadores para extraer información más detallada del mismo. Se muestran en la siguiente tabla:

Modificador	Descripción
%~1	Expande %1 y quita todas las comillas ("").
%~f1	Expande %1 y lo convierte en un nombre de ruta de acceso completo.
%~d1	Expande %1 a una letra de unidad.
%~p1	Expande %1 a una ruta de acceso.
%~n1	Expande %1 a un nombre de archivo.
%~x1	Expande %1 a una extensión de archivo.
%~s1	Ruta de acceso expandida que únicamente contiene nombres cortos.
%~a1	Expande %1 a atributos de archivo.
%~t1	Expande %1 a una fecha/hora de archivo.
%~z1	Expande %1 a un tamaño de archivo.
%~$PATH:1	Busca en los directorios enumerados en la variable de entorno **PATH** el nombre contenido en el argumento **%1** y expande al nombre completo del primer directorio en el que **%1** es encontrado. Si el nombre de la variable de entorno no está definido o la búsqueda no encuentra el archivo, este modificador se expande a la cadena vacía.

Es posible utilizarlos combinados, así por ejemplo **%~ftza1** se expande a una línea similar a la que muestra **dir** para el elemento.

```
@echo off
echo.
echo información del archivo %1
```

```
echo.
echo %~ftza1
exit /b 0
```

C:\Users\usuario\scripts>informacionArchivo.bat otro.bat

informacion del archivo otro.bat

--a------ 21/07/2016 20:17 87 C:\Users\usuario\scripts\otro.bat

C:\Users\usuario\scripts>informacionArchivo.bat .

informacion del archivo .

d-------- 22/07/2016 19:32 4096 C:\Users\usuario\scripts

C:\Users\usuario\scripts>_

■ Estructura básica de un archivo bat

La estructura que todo archivo bat debería tener es la siguiente:

```
@echo off
            :
REM filtrado de argumentos
            :
            :
REM operación
            :
            :
REM salida condición sin error
exit /b 0


            :
REM subrutinas
            :
```

El primer apartado, *filtrado de argumentos,* se encargará de comprobar que los argumentos recibidos en la invocación del archivo (*comando*) bat se ajustan a lo esperado. Si se detectara alguna anomalía en alguno de los argumentos se deberá mostrar un mensaje de error explicativo por el canal de error **STDERR** y detener la ejecución del archivo devolviendo una condición de error distinta de **0** en **ERRORLEVEL,**

Una vez superado el filtrado de argumentos aparecerá la zona *operación* en la que se implemente la funcionalidad específica del archivo. Al ejecutar los comandos que la implementen se pueden producir errores que al igual que en la fase de filtrado de argumentos, deberán ser comunicados al usuario a través del canal de error **STDERR** y activando una condición de error en **ERRORLEVEL.**

Si todo se ha ejecutado de forma correcta el archivo bat terminará devolviendo una condición de error **0** en **ERRORLEVEL.**

Al final del código aparecerá la zona *subrutinas* en la que se codificarán cada una de las tareas que serán invocadas desde la parte de *filtrado de argumentos* o de *operación* mediante el comando **call** para tener estructurado y modulado el código para hacerlo más legible y facilitar el mantenimiento.

■ Filtrado de argumentos

Un archivo **bat** tendrá una funcionalidad definida, con una sintaxis también definida y una serie de argumentos en su invocación también muy definidos. Estos argumentos que admite el archivo **bat** tendrán unos contenidos o valores válidos también muy definidos. De esto es de lo que se encarga este primer apartado, de asegurarse que los contenidos de los argumentos se ajustan a los requerimientos. Si se detectase alguna anomalía en estos argumentos, por su contenido, por su número o por incompatibilidad de unos con otros, la acción a tomar suele ser el mostrar por la salida de error **STDERR** un mensaje de información de la incidencia y activación de un código de error en **ERRORLEVEL** distinto de **0**, dando por terminada la ejecución del archivo **bat**.

La mayoría de los filtrados se realizan con el comando **if** en sus diversos formatos. El comando **if** evalúa una condición y permite ejecutar un comando o grupo de comandos si la condición se cumple y permite ejecutar un comando o un grupo de comandos si la condición no se cumple.

IF [NOT] ERRORLEVEL *número comando* [**ELSE** *comando*]

Este formato permite evaluar el contenido de la variable de entorno **ERRORLEVEL** y compararlo con el *número* que se indique. La comparación se realiza como si se utilizase el operador relacional *mayor que*, por lo tanto, el comando **echo** del siguiente **if** solo se ejecutará si el comando **dir** anterior no dio error, ya que comparará la variable **ERRORLEVEL** con cualquier valor que sea **1 o superior**.

```
dir c:\datos >nul 2>nul
if ERRORLEVEL 1 echo la carpeta c:\datos no existe 1>&2
```

El ejemplo anterior usa una técnica muy utilizada en archivos **bat** que es la de ejecutar un comando con el único fin de provocar o no un error para la posterior evaluación de la variable **ERRORLEVEL** El siguiente ejemplo va a comprobar si en el argumento primero de un archivo **bat** hay el nombre de un usuario registrado en el sistema. Si no lo estuviera mostrará un mensaje comunicando la incidencia y terminara el actual archivo **bat** con una condición de error **1**.

```
@echo off
net user %1 >nul 2>nul
if ERRORLEVEL 1 (
  echo el usuario %1 no esta registrado en el sistema 1>&2
  exit /b 1
)

C:\Users\usuario\scripts>testUsuario.bat pepe
el usuario pepe no esta registrado en el sistema

C:\Users\usuario\scripts>echo %errorlevel%
1

C:\Users\usuario\scripts>_
```

En el siguiente ejemplo se comprueba si el primer argumento se corresponde con un código postal:

```
@echo off
```

```
echo %~1| findstr /X /R /C:"^[0-9][0-9][0-9][0-9][0-9]$" >nul
if ERRORLEVEL 1 (
 echo %1 no es un código postal valido 1>&2
 exit /b 1
)
exit /b 0


C:\Users\usuario\scripts>testCP.bat 04530

C:\Users\usuario\scripts>testCP.bat 045305
 045305 no es un codigo postal valido

C:\Users\usuario\scripts>
```

Se ha hecho uso del comando **findstr** que permite aplicar test con expresiones regulares a la/s línea/s de un archivo o como en el ejemplo a la/s cadena/s enviadas por tubería. Nótese la ausencia de espacio entre **%~1** y la barra de pipe, porque si se incluye también deberá aparecer en la expresión regular.

Comando findstr

Busca cadenas dentro de archivos. Si se incluye el argumento **/R** la búsqueda se realiza entendiendo que las cadenas son expresiones regulares. Se puede usar en tuberías en cuyo caso la búsqueda la realiza en el texto enviado por la tubería

```
FINDSTR  [/R] [/C:"cadena"] [/G:archivo_cadenas]
         [/F:archivo] [/D:lista_directorios]
         [/A:color] [/OFF[LINE]] [opciones]
         [cadena(s)] [archivo(s)]
```

cadena(s)   texto a buscar en los *archivos*
archivo(s)   archivos en los que buscar
/C:"cadena"   usa la cadena como una cadena literal de búsqeda (puede incluir espacios)
/R   usa *cadena(s)* como una expresión regular
/G:archivo_cadenas Las cadenas que se buscarán las toma de *archivo_cadenas*. Si *archivo_cadenas* es / el comando esperará a que los patrones de búsqueda se introduzcan por consola hasta que se pulse **^Z**

/F:archivo	La lista de archivos en la que buscar se encuentra dentro de archivo
/D:lista_directorios	Busca una lista de directorios separados por **:**
/A:color	Muestra los nombres de archivos en el color especificado como dos dígitos hexadecimales
opciones	puede ser cualquier combinación de las siguientes opciones:

/I	Búsqueda sin distinguir mayúsculas de minúsculas
/S	Busca también en las subcarpetas.
/P	Ignora los archivos que contienen caracteres no imprimibles
/OFF[LINE]	No omite archivos con el atributo "sin conexión" establecido.
/L	Usa las cadenas de búsqueda literalmente
/B	Coincide si el patrón de búsqueda se encuentra al comienzo de la línea
/E	Coincide si el patrón de búsqueda se encuentra al final de la línea
/X	Encuentra líneas que coincidan exactamente
/V	Encuentra las líneas que no coincidan con el patrón de búsqueda
/N	Imprime el número de la línea encontrada antes de la propia línea
/M	Imprime solo el nombre del archivo en el que encuentra la coincidencia
/O	Imprime un carácter de desplazamiento antes de la línea encontrada

Cuando se usa el argumento **/R** se indica que la cadena de búsqueda debe ser tratada como una expresión regular. El soporte para expresiones regulares del comando **findstr** es incompleto y no estándar. Los únicos metacaracteres que pueden ser usados son los siguientes (hay multitud de tutoriales e información técnica de expresiones regulares en los diferentes lenguajes de programación en la red)

.	Comodín: cualquier carácter
*****	Repetir: cero o más ocurrencias de un carácter previo o de clase
^	Posición de línea: comienzo de la línea
$	Posición de línea: fin de línea
[clase**]**	Clase de carácter: cualquier carácter en la serie
[^clase**]**	Clase inversa: cualquier carácter que no esté en la serie
[x-y**]**	Intervalo: cualquier carácter que esté dentro del intervalo especificado
****x	Escape: uso literal de un metacarácter x
\<	Posición de palabra: principio de palabra
\>	Posición de palabra: fin de palabra

findstr no soporta el carácter de tubería para incluir varios patrones en la cadena de búsqueda. Esta función la toma el espacio en la cadena. Por ejemplo:

```
---- archivo colores.txt ------
verde
rojo
negro
marron
amarillo
```

```
findstr /R "be.. neg.." colores.txt
```

mostrará la línea del *negro*. La búsqueda se realiza en las líneas para encontrar la cadena *beis* o la cadena *negro*. Para indicar que la cadena es una sola expresión regular, con lo que se pueden incluir espacios en la búsqueda se debe incluir el argumento **/C:**.

```
findstr /R /C:"be.. neg.." colores.txt
```

Ahora buscará líneas con la cadena *be* seguida de dos caracteres cualesquiera, seguidos de un espacio, seguido de los caracteres *neg* y seguidos de dos caracteres cualesquiera.

Se pueden incluir varios argumentos **/C** con el mismo efecto que la tubería o expresiones alternativas.

```
findstr /R /C:"^gris $" /C:"^verde $" colores.txt
```

Las expresiones que comienzan con ^ coincidirán con el inicio del texto en el que se busca y también con la posición que sigue inmediatamente al carácter **LF** de fin de línea. La expresión regular "^" coincide con todas las líneas del texto en el que se busca incluso en archivos binarios.

El carácter **$** al final de una expresión regular coincide con la posición inmediatamente anterior al carácter **CR**. Esto significa que en los archivos de texto Linux no coincidirá con ninguna línea, así como tampoco coincidirá con la última línea de un archivo de text Windos si no contiene el par de caracteres de fin de línea **CR LF**.

Los argumentos posicionales **/B /E /X** son equivalentes a los metacaracteres ^ y **$**, excepto que los argumentos también se aplican en las búsquedas literales.

Los rangos de caracteres [*x-y*] no funcionan como se espera. **findstr** no fija el orden de los caracteres por su código ASCII, sino en la forma en la que lo hace el comando **sort**. En cualquier otro lenguaje que soporte expresiones regulares en forma estándar el que un rango [A-Z] referirá las letras mayúsculas del alfabeto inglés. En el comando **findstr** ese rango incluirá todas las letras mayúsculas y minúsculas y los caracteres acentuados del idioma predeterminado del sistema o la página de caracteres activa en este momento.

NOTA: La consola de comandos utiliza codificación de caracteres **ANSI** y el sistema utiliza **UTF-8** por lo que si utilizamos notepad para editar los archivos bat e incluimos caracteres acentuados veremos que al ejecutarlo en la consola los mensajes acentuados no aparecen como debe. Para que haya concordancia debemos activar la página de caracteres **28591** con el comando **chcp** al comienzo de cada archivo bat.

```
chcp 28591 >nul
```

Vamos a ver algunos ejemplos de expresiones regulares para filtrado de determinados tipos de contenidos:

- **dato numérico entero con una o más cifras**

```
/R /C:"^[0-9][0-9]*$"
```

El siguiente código muestra el uso dentro de un archivo bat para comprobar que el valor del argumento número 1 se corresponde con un valor numérico entero de una o más cifras:

```
echo %~1| findstr /R /C:"^[0-9][0-9]*$"
if ERRORLEVEL 1 (
  echo "el argumento %1 no es un número entero" 1>&2
  exit /b 1
)
```

- **valores fijos, por ejemplo, un estado civil o Yes, No**

```
/R /C:"^[CSV]$"
/R /C:"^Yes$" /C:"^No$"
```

- **una fecha**

```
/R /C:"^[0-3][0-9]-[01][0-9]-[12][0-9][0-9][0-9]$"
```

Esta expresión es sencilla pero poco ajustada a fecha, por ejemplo, permite introducir 39-18-2000. La siguiente más compleja ajusta un poco mejor:

```
/R /C:"^[0-2][0-9]-0[0-9]-[12][0-9][0-9][0-9]$"
   /C:"^[0-2][0-9]-1[12]-[12][0-9][0-9[0-9]$"
   /C:"^3[01]-0[0-9]-[12][0-9][0-9][0-9]$"
   /C:"^3[01]-1[12]-[12][0-9][0-9[0-9]$"
```

El siguiente formato

```
IF [/I][NOT] cadena1==cadena2 comando [ELSE comando]
```

Permite comparar la igualdad de dos cadenas. El argumento /I hace que la comparación no distinga las mayúsculas de las minúsculas. Funciona correctamente con los caracteres acentuados en cuanto a que es igual una *ñ* que una *Ñ* con el argumento /I pero dirá que *A* es distinto de *Á*.

El problema de las comillas

El intérprete de comandos no contempla el uso de las comillas para encerrar las constantes de tipo alfanumérico como lo utilizan la gran mayoría de los lenguajes de programación en los que el carácter numérico o alfanumérico del dato depende de si está encerrado entre comillas o no.

El intérprete no distingue datos numéricos de alfanuméricos. Todos son alfanuméricos. Aunque en algunos casos pueda manejar datos numéricos como vimos en el comando **set** o como veremos más adelante en uno de los formatos del comando **if**.

El intérprete de comandos utiliza principalmente las comillas para permitir la introducción de valores con espacios en los argumentos de los comandos o a la hora de asignar un valor a una variable de entorno. Así

```
dir c:\program files
```

no hará lo que se espera ya que el intérprete está entendiendo que al comando **dir** se le han pasado dos argumentos en lugar de uno que es lo que se quería. La llamada correcta sería:

```
dir "c:\program files"
```

Aquí viene el problema. Cuando en un archivo **bat** se permiten argumentos, sobre todo si se corresponde con el nombre de un archivo o carpeta, el usuario puede que incluya comillas en el argumento o puede que no. Con un ejemplo se verá. En un archivo **bat** se desea codificar la posibilidad de que el argumento 1 no se haya suministrado en la línea de comando.

Se codificará un **if:**

```
if "%1"=="" comando_no_hay1
```

Se ha incluido **%1** entre comillas porque si **%1** viene vacío hay que comparar con algo. ¿Se podría haber utilizado otro carácter para encerrar **%1**? En principio sí. Podríamos haber puesto

```
if #%1#==## comando_no_hay1
```

Pero qué pasaría si quisiésemos comprobar que el argumento primero se corresponde con el nombre del archivo *datos*, por ejemplo:

```
if "%1"=="datos" comando_datos
```

Si se invocara el archivo:

```
pruebaComillas.bat datos
```

no habría problema porque el **if** quedaría:

```
if "datos"=="datos" comando_datos
```

Pero si se invocara:

```
pruebaComillas.bat "datos hoy"
```

el **if** quedaría:

```
if ""datos hoy""=="datos" comando_datos
```

Produciéndose un error en la sintaxis del comando **if** y terminando la ejecución del archivo **bat**.

El criterio que se sigue en la mayoría de los archivos **bat,** para evitar este tipo de problemas es quitar las posibles comillas de los argumentos y ponerlas nosotros en código. En el ejemplo anterior quedaría:

```
if "%~1"=="datos" comando_datos
```

La expansión ~ para quitar las posibles comillas de inicio y fin del contenido de una variable solo puede ser utilizada en los argumentos de llamada a un archivo **bat** o en la variable asociada a un **for** (se verá más adelante) pero hay veces en donde necesitaremos quitarlas también de una variable de entorno, por ejemplo, si su contenido viene de la ejecución de un **set /p.** Hacerlo es un poco más complicado. El siguiente código lo hace:

```
@echo off
chcp 28591 >nul
setlocal

set /p nombre=nombre?

rem si no se introdujo nombre
if ERRORLEVEL 1 (
    echo.
    exit /b 1
```

```
)
echo.
echo nombre original %nombre%

rem si el primer caracter es comilla
set nombreFiltrado=%nombre%
if ^%nombre:~0,1%==^" (
SET nombreFiltrado=%nombre:~1%
)

rem si el último carácter es comilla
if ^%nombre:~-1,1%==^" (
SET nombreFiltrado=%nombre:~1,-1%
)

echo nombre filtrado %nombreFiltrado%
echo.

endlocal
exit /b 0
```

Otra forma de haber eliminado todas las comillas contenidas en la variable, no solo las de comienzo y fin, habría sido la expansión ya vista en *pág 22* de sustitución del contenido de una variable:

```
set nombreFiltrado=%nombre:"=%
```

Con este formato comprobaremos si un determinado argumento ha sido suministrado en la línea de comando o no, o si tiene un valor específico, como por ejemplo **/?** para saber si debemos mostrar la ayuda.

El siguiente ejemplo muestra todas las técnicas y conceptos referidos hasta el momento. Se trata de un archivo **bat** que servirá para saber si un usuario existe o no. El nombre del usuario se suministrará en la línea de comando. Si el usuario existe mostrará un mensaje indicándolo y devolverá condición de error **0**. Si el usuario no existe mostrará por la salida de error un mensaje indicándolo y devolverá una condición de error **1**. Si se invoca sin argumentos o con el argumento **/?** mostrara la ayuda del comando terminando con una condición de error **0**.

```
@echo off
chcp 28591 >nul

if "%~1"=="" (
    call :Ayuda
    exit /b 0
)
if "%~1"=="/?" (
    call :Ayuda
    exit /b 0
)
if NOT "%~2"=="" (
    echo. 1>&2
    echo error de sintaxis: solo se admite un argumento 1>&2
    echo. 1>&2
    call :Ayuda 1>&2
    exit /b 2
)

net user %~1 >nul 2>nul
if ERRORLEVEL 1 (
    echo. 1>&2
    echo el usuario %1 no está registrado1>&2
    echo. 1>&2
    exit /b 1
) else (
    echo .
    echo el usuario %1 está registrado en el sistema
    exit /b 0
)

:Ayuda
echo.
echo Comando que dice si el usuario que se pasa como argumento está
    registrado en el sistema
echo.
echo Sintaxis:
echo            USEREXIST [/?^|^<usuario^>]
echo.
echo.   ^/?        muestra esta ayuda
echo    ^<usuario^> nombre del usuario a comprobar
echo.
echo    devuelve código de error 1 si el usuario no existe
echo                código de error 2 en error de sintaxis
echo.
```

Invocación sin argumentos

```
C:\Users\usuario\scripts>userExists.bat
```

Comando que dice si el usuario que se pasa como argumento está registrado en el sistema

```
Sintaxis:
        USEREXIST [/?|<usuario>]

    /?         muestra esta ayuda
    <usuario>  nombre del usuario a comprobar

    devuelve código de error 1 si el usuario no existe
            código de error 2 en error de sintaxis


C:\Users\usuario\scripts>echo %errorlevel%
0

C:\Users\usuario\scripts>
```

Invocación con argumento **/?**

```
C:\Users\usuario\scripts>userExist /?
"userExist" no se reconoce como un comando interno o externo,
programa o archivo por lotes ejecutable.

C:\Users\usuario\scripts>userExists /?
```

Comando que dice si el usuario que se pasa como argumento está registrado en el sistema

```
Sintaxis:
        USEREXIST [/?|<usuario>]

    /?         muestra esta ayuda
    <usuario>  nombre del usuario a comprobar

    devuelve código de error 1 si el usuario no existe
            código de error 2 en error de sintaxis


C:\Users\usuario\scripts>_
```

Invocación con dos argumentos

```
C:\Users\usuario\scripts>userExists uno dos

error de sintaxis: solo se admite un argumento

Comando que dice si el usuario que se pasa como argumento está registrado en el
sistema
Sintaxis:
            USEREXIST [/?|<usuario>]

    /?         muestra esta ayuda
    <usuario>  nombre del usuario a comprobar

    devuelve código de error 1 si el usuario no existe
            código de error 2 en error de sintaxis

C:\Users\usuario\scripts>echo %errorlevel%
2

C:\Users\usuario\scripts>_
```

Invocación con usuario inexistente e invocación con usuario registrado

```
C:\Users\usuario\scripts>userExists uno

el usuario uno no está registrado1

C:\Users\usuario\scripts>echo %errorlevel%
1

C:\Users\usuario\scripts>userExists usuario

el usuario usuario está registrado en el sistema

C:\Users\usuario\scripts>echo %errorlevel%
0

C:\Users\usuario\scripts>_
```

Esta forma de codificación permite la reutilización del código. Por ejemplo, si en otro archivo **bat** necesitásemos comprobar si un usuario, por ejemplo, el almacenado en la variable de entorno *%usuario%* existe no tendríamos más que hacer:

```
call userExist %usuario% >nul 2>nul
if ERRORLEVEL 1 (
   rem el usuario no existe
) else (
   rem el usuario existe
)
```

El siguiente formato de **if** nos permite realizar comparaciones con diferentes operadores relacionales. Es preciso que las extensiones de comandos estén habilitadas:

```
IF [/I] cadena1 operador_comparación cadena2 comando
    [ELSE comando]
```

El *operador comparación* puede ser uno de los siguientes:

EQU	igual
NEQ	no igual
LSS	menor que
LEQ	menor que o igual
GTR	mayor que
GEQ	mayor que o igual

Con este formato si *cadena1* y *cadena2* solo contienen números, **if** realizará una comparación numérica, en cualquier otro caso la comparación se realizará en forma alfanumérica. Si se incluye el argumento **/I** no se distinguirán mayúsculas de minúsculas. En los datos numéricos se admiten valores negativos, pero no con decimales.

El siguiente ejemplo muestra un filtrado del argumento 1º de un archivo **bat** para cumpla con la restricción de un valor entre 0 y 100.

```
@echo off
chcp 28591 >nul

rem código de filtrado

rem si viene el argumento
if "%~1"=="" (
    echo se precisa como argumento un valor entre 0 y 100 1>&2
    exit /b 1
)

echo %1| findstr /R /C:"^[0-9][0-9]*$" >nul 2>nul
if ERRORLEVEL 1 (
    echo el argumento %1 no es numérico entero positivo 1>&2
    exit /b 2
)

if %1 GTR 100 (
    rem no se interroga por un valor menor que 0 porque no habría superado
    findstr
    echo el argumento %1 supera el valor máximo de 100 1>&2
    exit /b 3
)
rem el argumento está entre 0 y 100


rem resto código
```

El siguiente formato permite comprobar la existencia de un archivo o carpeta, sin distinguir entre uno u otro..

```
IF [NOT]  EXIST nombre_archivo comando [ELSE comando]
```

Si deseáramos comprobar si el nombre se corresponde con un archivo, pero no una carpeta, o al revés deberemos utilizar un método indirecto y apoyándonos en **ERRORLEVEL.** Si ejecutamos un comando que sea específico para archivos, por ejemplo, **type,** sobre una carpeta nos devolverá un error, no dando error en el caso de que se trate de un archivo. Lo mismo con comandos específicos de carpeta, por ejemplo, **cd,** en el que si lo intentamos sobre un archivo se desencadenará un error.

En el siguiente ejemplo se detecta si el primer argumento de un archivo bat es un archivo:

```
type "%~1" >nul 2>nul
if ERRORLEVEL 1 (
  echo %1 no es un archivo 1>&2
) else (
  echo %1 es un archivo
)
```

Si las extensiones de comando están habilitadas, también se dispone de la sintaxis siguiente:

```
IF CMDEXTVERSION número comando [ELSE comando]
```

Permite comparar con la versión del intérprete de comandos. De uso testimonial en archivos **bat.**

El siguiente formato permite comprobar si una variable de entorno se encuentra definida

```
IF DEFINED variable comando [ELSE comando]
```

■ Cómo procesar un número indeterminado de argumentos

La gran mayoría de los archivos **bat** que codifiquemos tendrán en su especificación un número fijo y estricto en cuanto al número de argumentos y su tipo. Ya hemos visto cómo podemos saber si un determinado argumento es suministrado y que tipo de contenido tiene. Vamos a encontrarnos también con dos tipos de problemas: archivos **bat** con un número indeterminado de argumentos y archivos bat en los que el número de argumentos está fijado, pero damos al usuario la posibilidad de introducirlos sin ningún orden específico.

En el comando **del** podemos ver ambos problemas. Su formato:

```
DEL [/P] [/F] [/S] [/Q] [/A[[:]atributos]] <nombre_archivo>
    [<nombre_archivo>...]
```

Vemos al final que el comando admite una serie de nombres de archivos que se desean borrar. El número de estos archivos no está prefijado y el comando borrará todos los que se enumeren en la invocación particular. Si codificamos un archivo **bat** con esta posibilidad hay que prever que el número de argumentos no se conoce a priori por lo que debemos iterar el ver si hay otro argumento para procesar sobre todos los que el usuario en una invocación realice. Suele ser habitual al codificar archivos **bat,,** que si damos la posibilidad de invocar un número indeterminado de argumentos, estos se incluyan al final de la línea de comandos, detrás de los argumentos "fijos" como se ve en el propio comando **del.** Respecto a los argumentos "fijos", el comando **del** permite que se incluyan sin ningún orden, por ejemplo, podemos invocar el comando **del** con los argumentos /P /F o podemos invocar el comando con los argumentos /F /P indistintamente.

Cuando se incluyen argumentos opcionales estaremos en cierta forma en el caso de argumentos indeterminados.

El código para procesar un número indeterminado de argumentos o el procesamiento de argumentos opcionales o el procesamiento de argumentos sin ningún orden establecido es muy semejante. En todos ellos debemos realizar un bucle de iteración para tomar los argumentos de uno en uno para su proceso. Vamos a ver dos métodos: el más elemental que hace uso del comando **goto** junto con **if** y **shift** y una segunda forma más avanzada que hace uso del comando **for**.

Vamos a verlo con un ejemplo. Vamos a codificar un archivo **bat** con nombre **saveExt** que haga copias de todos los archivos con las extensiones que se indiquen como argumentos que se encuentren bajo la carpeta que se indique en el primer argumento y que esta copia se realice sobre la carpeta que se indique como segundo argumento. Si se incluye un argumento **/S** la búsqueda se realizará también en las subcarpetas de la carpeta origen. De lo expuesto deducimos el siguiente formato:

```
SAVEEXT [/?] | <carpeta_origen> <carpeta_destino> [/S] extensión...
```

Si el archivo se invoca sin argumentos se mostrará la ayuda. Si se invoca con un primer argumento **/?** se mostrará asimismo también la ayuda. Si el primer argumento no es **/?** entonces forzosamente ha de ser una carpeta bajo la cual van a ser buscados los archivos con las extensiones que se indicarán. El segundo argumento también será obligatorio y se corresponderá con una carpeta que ya debe existir en la que se copiarán los archivos con las extensiones que se indicarán. Como tercer argumento podrá aparecer le argumento **/S** y a continuación deberá haber al menos una extensión para la búsqueda, pudiendo haber todas las demás que se deseen.

La fase de filtrado con los argumentos fijos la podemos realizar como ya sabemos, es decir con **/?**, con *carpeta_origen* y *carpeta_destino*.

```
@echo off
chcp 28591 >nul

setlocal
:: filtrado de argumentos

:: argumentos de ayuda
if "%1"=="" (
   call :Ayuda
   exit /b 0
)
if "%1"=="/?" (
   call :Ayuda
   exit /b 0
)

:: carpeta origen
pushd %1 >nul 2>nul
if ERRORLEVEL 1 (
   echo la carpeta de origen %1 no existe 1>&2
   echo.
   endlocal
   exit /b 1
)
set carpetaOrigen=%1
popd

:: carpeta destino
if "%2"== "" (
```

```
        echo se debe indicar la carpeta de destino de la copia 1>&2
        echo.
        endlocal
        exit /b 2
)
pushd %2 >nul 2>nul
if ERRORLEVEL 1 (
        echo la carpeta de destino %2 no existe 1>&2
        echo.
        endlocal
        exit /b 2
)
set carpetaDestino=%2
popd

:: si es /S activamos un flag
if /I "%3"=="/S" (
        set recursivo=/s
:: para que la primera extensión sea %3 tanto si se puso /S como si no
        shift /3
)

:: extensiones

:: comprobamos que al menos hay una extensión
if "%3"=="" (
        echo se debe indicar al menos una extensión para la copia 1>&2
        echo.
        endlocal
        exit /b 4
)

:: variable que indicará si se produce algún error con alguna extensión
set error=0

:bucle
  if "%3"=="" (
:: no hay más extensiones
        echo.
        echo copia terminada
        exit /b %error%
  )
:: proceso de la extensión
  echo procesando extensión %3
  for /F "usebackq" %%i in (`dir /b %recursivo% %carpetaOrigen%\"*%~3"`)
  do (
  copy /y %%i %carpetaDestino% >nul 2>nul
        if ERRORLEVEL 1 (
            echo error al procesar la extensión %3 1>&2
            set error=5
        )
  )

  shift /3
goto bucle
```

```
endlocal
exit /b 0


:Ayuda
echo.
echo SAVEEXT    copia todos los archivos con las extensiones que se
   indican
echo              desde la carpeta_origen a la carpeta_destino
echo.
echo sintaxis:
echo.
echo     SAVEEXT [/^?] ^| ^<carpeta_origen^> ^<carpeta_destino^> [/S]
   extensión...
echo.
echo.   /^?              muestra esta ayuda
echo     ^<carpeta_origen^>  carpeta en la que se buscarán los archivos
echo                       con las extensiones indicada
echo     ^<carpeta_destino^> carpeta a la que se copiaran los archivos
echo     /S              la búsqueda se realizará tambien en las
   subcarpetas de
echo                     carpeta_origen
echo.
exit /b 0
```

Nótese como se ha detectado que los argumentos carpeta en realizad lo son. Se hace **pushd** y **popd** para que el archivo **bat** no modifique la carpeta activa que estuviera antes de ejecutar el archivo. Al llegar la ejecución a la altura de *resto código* ya se habrá comprobado que ambas carpetas existen y además han quedado almacenadas en dos variables del entorno local (para que no quede modificado el entorno exterior por la ejecución del archivo **bat**) *carpetaOrigen* y *carpetaDestino*. En este momento queda por verificar si el argumento 3º es el argumento **/S** y la extensión o extensiones que pueden venir tras él.

Comando shift

Desplaza la posición de los argumentos en un archivo **bat**.

```
SHIFT [/n]
```

Si las extensiones de comando están habilitadas, el comando **shift** admitirá el argumento /n que indica a partir de qué argumento se realiza el desplazamiento. Si se omite el valor por defecto es **1**. n puede estar comprendido entre **0** y **8**.

Por ejemplo si un archivo bat *test.bat* es invocado:

```
archivo alfa beta gamma delta
```

%1 contendrá *alfa*, **%2** *beta*, **%3** *gamma* y **%4** contendrá *delta*. Si dentro del archivo **bat** se ejecuta un comando **shift**, los argumentos se habrán desplazado a la izquierda un paso a partir del primer argumento y por lo tanto ahora **%1** contendrá *beta*, **%2** contendrá *gamma* y **%3** contendrá *delta*. El argumento *alfa* ya no sería accesible con ningún número. Si en lugar de **shift** se hubiera ejecutado **shift /2** entonces **%1** seguiría valiendo *alfa*, **%2** contendría *gamma* y **%3** contendría *delta*. El desplazamiento se ha producido a partir del segundo argumento.

Los comandos **shift** se pueden encadenar así en el estado original el primer **shift** haría que *gamma* fuese accesible con **%2**, una posterior ejecución de **shift** hará que *gamma* sea ahora accesible a través de **%1**

Para procesar este tercer argumento opcional haremos:

```
:: si es /S activamos un flag
if /I "%3"=="/S" (
   set recursivo=/s
:: para que la primera extensión sea %3 tanto si se puso /S como si no
   shift /3
)
```

En este momento tenemos situado en el argumento 3° la primera extensión que debemos procesar. Para procesar esta y todas la siguientes hacemos un bucle en el que procesaremos este tercer argumento, haremos **shift /3** para desplazar este tercer argumento y volveremos a procesarlo. Así sucesivamente hasta que no haya nada en el argumento 3°

Antes de entrar en el bucle comprobamos que al menos hay una extensión. Por lo tanto, el argumento 3° será obligatorio y no podrá venir vacío:

```
:: argumento 3°
if "%3"=="" (
   echo se debe indicar al menos una extensión para la copia 1>&2
   echo.
```

```
    endlocal
    exit /b 3
)
```

Al ejecutar el bucle se pueden producir anomalías al procesar la extensión. En lugar de cortar la ejecución del archivo **bat** vamos a almacenar en una variable **error** el valor que luego va a devolver el archivo **bat** en la variable **ERRORLEVEL**. Cuando se detecte una anomalía el proceso será: mostrar mensaje de error por canal *STDOUT* y almacenar en **error** el valor **5** por ejemplo. El bucle quedará:

```
:: variable que indicará si se produce algún error con alguna extensión
set error=0

:bucle
  if "%3"=="" (
:: no hay más extensiones
      echo.
      echo copia terminada
      exit /b %error%
  )
:: proceso de la extensión


    shift /3
goto bucle
```

Si el archivo **bat** no contemplase la opción de buscar en las subcarpetas de la carpeta de origen el proceso de cada extensión sería muy sencillo porque casi se limitaría a realizar un **copy**, ver si se producía un error y tratarlo en consecuencia:

```
:: variable que indicará si se produce algún error con alguna extensión
set error=0

:bucle
  if "%3"=="" (
:: no hay más extensiones
      echo.
      echo copia terminada
      exit /b %error%
  )
:: proceso de la extensión
  echo procesando extensión %3 ...
  copy /y %carpetaOrigen%\"*%~3" %carpetaDestino% >nul 2>nul
  if ERRORLEVEL 1 (
      echo error al procesar la extensión %3 1>&2
      set error=5
  )

    shift /3
goto bucle
```

El comando **copy**, ni **xcopy ni robocopy** se ajustan a lo necesitado por este archivo **bat**. Sin embargo, el comando **dir** si que es capaz de encontrar todos los archivos con una determinada extensión en las carpetas y subcarpetas de otra dada, pero **dir** no puede hacer la copia. Vamos a ver otra técnica muy utilizada en archivos **bat** que consiste en utilizar toda o parte de la salida de un comando para utilizarla como argumento para otro comando. En nuestro caso ejecutamos **dir** para que nos de los nombres que coinciden con una determinada extensión y cada uno de estos nombres se lo pasamos a **copy** para que realice la copia. Esta técnica se apoya en el comando **for** que vamos a ver a continuación en detalle ya que es uno de los más potentes que se pueden usar en los archivos **bat** (también se puede utilizar sin ningún problema en la línea de comandos directamente).

El comando **for** ejecuta un comando o una serie de comandos de forma repetitiva en función de los valores que se incluyan en formato. El comando **for** dispone de varios formatos. El primero

```
FOR %variable IN (conjunto) DO comando
```

Ejecutará *comando* por cada uno de los valores que aparezca reflejado en *conjunto*. La variable que se acompañe irá tomando cada uno de esos valores

```
C:\Users\usuario>for %i in (alfa beta gamma) do @echo letra:%i
letra:alfa
letra:beta
letra:gamma

C:\Users\usuario>_
```

La *variable* no puede ser una variable de entorno ya definida, solo existe dentro del **for**. Además, solo puede estar formada por una letra del alfabeto inglés y se distinguen mayúsculas de minúsculas. En cuanto a su expansión se comporta como un parámetro de un archivo **bat**.

```
C:\Users\usuario>for %i in (alfa "beta iota" gamma) do @echo letra:%~i
letra:alfa
letra:beta iota
letra:gamma

C:\Users\usuario>_
```

El nombre de la variable va precedido de un **%**, pero si se incluye en un archivo **bat** se deben poner dos **%%**.

Si los nombres del conjunto se corresponden con nombres de archivos se pueden usar también los caracteres de expansión que ya se vieron en la expansión de los argumentos de un archivo **bat** (pág **29**)

```
C:\Users\usuario\scripts>dir p*.bat
 El volumen de la unidad C no tiene etiqueta.
 El número de serie del volumen es: 087E-D4F3

 Directorio de C:\Users\usuario\scripts

22/07/2016  20:32                 308 principal.bat
23/07/2016  12:20                  94 prueba.bat
21/07/2016  20:16                 139 pruebaCall.bat
22/07/2016  14:28                 229 pruebaCallSub.bat
02/08/2016  13:47                 456 pruebaComillas.bat
05/08/2016  12:26                  84 pruebaSet.bat
03/04/2016  13:25                 132 pruebaSet2.bat
04/08/2016  20:44                  37 pruebaShift.bat
                8 archivos          1.479 bytes
                0 dirs    8.774.422.528 bytes libres

C:\Users\usuario\scripts>for %i in (principal.bat pruebaCall.bat) do @echo %~ni
- %~zi bytes
principal - 308 bytes
pruebaCall - 139 bytes

C:\Users\usuario\scripts>
```

También se admiten caracteres comodín que serán expandidos a cada archivo que coincida con ellos:

```
C:\Users\usuario\scripts>for %i in (p*.bat s*.bat) do @echo %~ni - %~zi bytes
principal - 308 bytes
prueba - 94 bytes
pruebaCall - 139 bytes
pruebaCallSub - 229 bytes
pruebaComillas - 456 bytes
pruebaSet - 84 bytes
pruebaSet2 - 132 bytes
pruebaShift - 37 bytes
saveExt - 2210 bytes
saveExtIncompleto - 1396 bytes
secundario - 199 bytes

C:\Users\usuario\scripts>
```

Con este formato podemos recorrer de forma sencilla todos los argumentos de la línea de comandos a través el argumento **%*** que contiene toda la cadena de argumentos en la línea de llamada. Por ejemplo, si quisiéramos crear un archivo **bat** para mejorar el comando **mkdir** que solo permite crear una carpeta cada vez (y las intermedias en un path si no existieran) para que permita un número indeterminado de argumentos podríamos hacer:

```
@echo off
chcp 28591 >nul

: filtrado de argumentos

:: argumentos de ayuda
if "%1"=="" (
   call :Ayuda
```

```bat
    exit /b 0
)
if "%1"=="/?" (
    call :Ayuda
    exit /b 0
)

setlocal
set error=0

for %%i in ( %* ) do (
    if not exist %%i (
        md %%i >nul 2>nul
        if ERRORLEVEL 1 (
            echo no se pudo crear la carpeta %%i 1>&2
            set error=1
        ) else (
            echo %%i creada
        )
    ) else (
            echo ya existe la carpeta o archivo %%i 1>&2
            set error=2
    )
)

endlocal
exit /b %error%


:Ayuda
echo.
echo MDEXT    crea carpetas. Mejora al comando md porque permite
echo          enumerar varias carpetas para su creación
echo.
echo sintaxis:
echo.
echo     MDEXT [/^?] ^| ^<carpeta^> ...
echo.
echo.    /^?           muestra esta ayuda
echo     ^<carpeta^>  carpeta a crear
echo.
exit /b 0
```

```
C:\Users\usuario\scripts\prueba>md uno

C:\Users\usuario\scripts\prueba>..\mdExt.bat alfa beta\dos uno tres
alfa creada
beta\dos creada
ya existe la carpeta o archivo uno
tres creada

C:\Users\usuario\scripts\prueba>dir
 El volumen de la unidad C no tiene etiqueta.
 El número de serie del volumen es: 087E-D4F3

 Directorio de C:\Users\usuario\scripts\prueba

05/08/2016  18:53    <DIR>          .
05/08/2016  18:53    <DIR>          ..
05/08/2016  18:53    <DIR>          alfa
05/08/2016  18:53    <DIR>          beta
05/08/2016  18:53    <DIR>          tres
05/08/2016  18:53    <DIR>          uno
               0 archivos              0 bytes
               6 dirs    8.774.430.720 bytes libres

C:\Users\usuario\scripts\prueba>_
```

Si las extensiones de comandos están habilitadas también se pueden utilizar los siguientes formatos:

FOR /D %*variable* IN (*conjunto*) DO *comando*

El primer formato permitía iterar sobre un conjunto de archivos. Este formato permite iterar sobre un conjunto de carpetas:

```
C:\>for /D %i in (c:\windows\system32\drivers\*.*) do @echo %i
c:\windows\system32\drivers\es-ES
c:\windows\system32\drivers\etc
c:\windows\system32\drivers\UMDF

C:\>_
```

El siguiente formato nos va a permitir localizar archivos que coincidan con cadenas con caracteres comodín, no solo en una carpeta, sino también en sus subcarpetas.

FOR /R [*carpeta*] %*variable* IN (*conjunto*) DO *comando*

El siguiente ejemplo muestra todos los archivos que tienen extensión *.bat* y extensión *.txt* que se encuentran bajo la carpeta *scripts* de la actual carpeta activa

```
C:\Users\usuario>for /R scripts %i in (*.bat *.txt) do @echo %i
C:\Users\usuario\scripts\archivo.bat
C:\Users\usuario\scripts\inCadena.bat
C:\Users\usuario\scripts\informacionArchivo.bat
C:\Users\usuario\scripts\listaArgumentos.bat
C:\Users\usuario\scripts\mdExt.bat
C:\Users\usuario\scripts\otro.bat
C:\Users\usuario\scripts\principal.bat
C:\Users\usuario\scripts\prueba.bat
C:\Users\usuario\scripts\pruebaCall.bat
C:\Users\usuario\scripts\pruebaCallSub.bat
C:\Users\usuario\scripts\pruebaComillas.bat
C:\Users\usuario\scripts\pruebaSet.bat
C:\Users\usuario\scripts\pruebaSet2.bat
C:\Users\usuario\scripts\pruebaShift.bat
C:\Users\usuario\scripts\saveExt.bat
C:\Users\usuario\scripts\saveExtIncompleto.bat
C:\Users\usuario\scripts\secundario.bat
C:\Users\usuario\scripts\test1-100.bat
C:\Users\usuario\scripts\testColor.bat
C:\Users\usuario\scripts\testCP.bat
C:\Users\usuario\scripts\testUsuario.bat
C:\Users\usuario\scripts\userExists.bat
C:\Users\usuario\scripts\colores.txt
C:\Users\usuario\scripts\sub\a.bat
```

Este formato de **for** nos va a servir para completar el ejercicio propuesto en la pág 45 **saveExt.bat**. Nos quedó pendiente el realizar la copia de archivos con extensiones dadas en los argumentos que se encontrasen bajo *carpeta_origen* y sus subcarpetas.

El archivo **bat** ya completo quedaría:

```
@echo off
chcp 28591 >nul

setlocal
:: filtrado de argumentos

:: argumentos de ayuda
if "%1"=="" (
    call :Ayuda
    exit /b 0
)
if "%1"=="/?" (
    call :Ayuda
    exit /b 0
)

:: carpeta origen
pushd %1 >nul 2>nul
if ERRORLEVEL 1 (
    echo la carpeta de origen %1 no existe 1>&2
    echo.
    endlocal
    exit /b 1
)
```

```
set carpetaOrigen=%1
popd

:: carpeta destino
if "%2"== "" (
   echo se debe indicar la carpeta de destino de la copia 1>&2
   echo.
   endlocal
   exit /b 2
)
pushd %2 >nul 2>nul
if ERRORLEVEL 1 (
   echo la carpeta de destino %2 no existe 1>&2
   echo.
   endlocal
   exit /b 2
)
set carpetaDestino=%2
popd

:: si es /S activamos un flag
if /I "%3"=="/S" (
   set recursivo=/r %carpetaOrigen%
:: para que la primera extensión sea %3 tanto si se puso /S como si no
   shift /3
)

:: extensiones

:: comprobamos que al menos hay una extensión
if "%3"=="" (
   echo se debe indicar al menos una extensión para la copia 1>&2
   echo.
   endlocal
   exit /b 4
)

:: variable que indicará si se produce algún error con alguna extensión
set error=0

:bucle
  if "%3"=="" (
:: no hay más extensiones
     echo.
     echo copia terminada
     exit /b %error%
  )
:: proceso de la extensión
  echo procesando extensión %3
  for %recursivo% %%i in ( "*%~3" ) do (
   copy /y  %%i %carpetaDestino% >nul 2>nul
       if ERRORLEVEL 1 (
          echo error al procesar la extensión %3 1>&2
          set error=5
       )
  )
```

```
    shift /3
goto bucle


endlocal
exit /b 0



:Ayuda
echo.
echo SAVEEXT    copia todos los archivos con las extensiones que se
    indican
echo              desde la carpeta_origen a la carpeta_destino
echo.
echo sintaxis:
echo.
echo      SAVEEXT [/^?] ^| ^<carpeta_origen^> ^<carpeta_destino^> [/S]
    extensión...
echo.
echo.   /^?                muestra esta ayuda
echo      ^<carpeta_origen^>  carpeta en la que se buscarán los archivos
echo                        con las extensiones indicadas
echo      ^<carpeta_destino^> carpeta a la que se copiaran los archivos
echo      /S                la búsqueda se realizará tambien en las
    subcarpetas de
echo                        carpeta_origen
echo.
exit /b 0
```

Nótese como la variable **%recursivo%** o está en blanco porque no se ha especificado el argumento **/s** y se realiza un **for** normal o contiene **/R %carpetaOrigen%** para ejecutar un **for /R.**

NOTA: El código anterior produce errores si la carpeta de destino se encuentra dentro de la carpeta de origen por la recursividad en la copia. Se deja como ejercicio para el lector el impedir en la fase de filtrado de argumentos que la carpeta de destino sea una subcarpeta de la de origen. **Pista:** el path de la carpeta de destino contendrá al comienzo el path de la carpeta de origen. Más adelante veremos otra forma de realizar esta copia sin que se produzcan estos errores.

El siguiente formato permite a **for** actuar en forma parecida en que lo hace en la mayoría de los lenguajes de programación: una variable contador numérica va modificando de forma automática su valor en cada iteración.


```
FOR /L %variable IN (inicio, incremento, fin) DO comando
```

La *variable* va tomando valores enteros desde el valor inicial *inicio*, hasta el valor final *fin*. En cada iteración *variable* verá incrementado su valor en *incremento* hasta alcanzar el valor *fin*. Pueden ser valores negativos, pero todos deben ser valores enteros.

El siguiente ejemplo crea 10 carpetas con nombre *datosXX* siendo *XX* un número comprendido entre **1** y **10**:

```
C:\Users\usuario\scripts>for /L %i in (1,1,10) do md datos%i

C:\Users\usuario\scripts>md datos1

C:\Users\usuario\scripts>md datos2

C:\Users\usuario\scripts>md datos3

C:\Users\usuario\scripts>md datos4

C:\Users\usuario\scripts>md datos5

C:\Users\usuario\scripts>md datos6

C:\Users\usuario\scripts>md datos7

C:\Users\usuario\scripts>md datos8

C:\Users\usuario\scripts>md datos9

C:\Users\usuario\scripts>md datos10

C:\Users\usuario\scripts>
```

El último formato de **for** nos va a servir para extraer elementos o campos o *tokens* de una línea texto. Este texto puede provenir del contenido de una lista de archivos que se indique, de una cadena de texto directamente que se incluya en el comando o de la salida por el canal estándar del comando que se indique.

```
FOR /F ["opciones"] %variable IN (archivos) DO comando
FOR /F ["opciones"] %variable IN ("cadena") DO comando
FOR /F ["opciones"] %variable IN ('comando') DO comando
```

La forma en que **for /f** procesa los *archivos* o la *cadena* o la salida de *comando*, consiste en leer de los mismos una línea cada vez y descomponerla en campos o elementos llamados *tokens*. Estos son accesibles a través de la *variable*. Las *opciones* nos permitirán definir los *tokens*, cual es el separador, cual es el elemento que nos interesa...

delims=xxx	Indica cual es el separador entre *tokens*. El separador por defecto es el espacio. Se puede indicar más de un delimitador. Es sensible a mayúsculas y minúsculas por lo que un carácter **t** no es lo mismo que un carácter **T** como separador.
tokens=n	Indica el número del *token* que se debe procesar. Puede ser un simple número, un intervalo *x-y* o una lista de ambos tipos separados por comas: *x,y-z...* El valor por defecto es **1**. Se puede incluir como último número un ***** qué referencia al resto de la línea desde la posición actual. Así una lista de *tokens=2,** indica que se quiere procesar el *token* segundo y el resto de la línea como uno solo. La *variable* del comando **for** referencia al primer *token* de la lista y las letras sucesivas según el alfabeto inglés a los siguientes *tokens*. Por ejemplo: *tokens=1-4* y *variable* **%i** hará que el primer *token* de cada línea sea accedido a través de la variable **%i**, que el segundo lo sea a través de la variable **%j**, el tercero a través de **%k** y el cuarto a través de **%l**.

eol=x	Indica cual es el carácter que determina el final de línea. Por defecto es ; Cualquier línea que comience por punto y coma no será procesada y se tomará como si fuera de comentario.
skip=n	Permite saltar n líneas del comienzo antes de empezar a procesarlas. **skip** tiene en cuenta las líneas vacías, pero posteriormente **for /f** no las procesa y las ignora.
usebackq	activa el estilo alternativo de entrecomillado. Sin esta opción los nombres de archivos no pueden ir encerrados entre comillas dobles. Las comillas dobles indican que el **for** se va a aplicar a una cadena no a un archivo. Si se opta por la ejecución de un comando, este debe ir encerrado entre comillas simples. Si se activa esta opción, los archivos pueden ir encerrados entre comillas dobles si contienen por ejemplo espacios. La *cadena* pasa a tener que estar encerrada entre comillas simples y el *comando* pasa a estar encerrado entre acentos graves `.

El uso más frecuente de este comando es en su formato de ejecución de un comando y procesamiento de su salida por el canal estándar *STDOUT*.

Vamos a ver un ejemplo de uso. Queremos mostrar una lista con las direcciones IPV4 de nuestra máquina a partir de la información mostrada por el comando **ipconfig**.

```
C:\Users\usuario>ipconfig

Configuración IP de Windows


Adaptador de Ethernet Conexión de área local 2:

    Sufijo DNS específico para la conexión. . :
    Vínculo: dirección IPv6 local. . . : fe80::34f9:560:d28a:fca6%18
    Dirección IPv4. . . . . . . . . . . . . : 192.168.88.245
    Máscara de subred . . . . . . . . . . . : 255.255.255.0
    Puerta de enlace predeterminada . . . . . : 192.168.88.1

Adaptador de Ethernet Conexión de área local:

    Sufijo DNS específico para la conexión. . :
    Vínculo: dirección IPv6 local. . . : fe80::a581:bd76:91eb:8af7%11
    Dirección IPv4. . . . . . . . . . . . . : 10.0.2.24
    Máscara de subred . . . . . . . . . . . : 255.0.0.0
    Dirección IPv4. . . . . . . . . . . . . : 192.168.88.55
    Máscara de subred . . . . . . . . . . . : 255.255.255.0
    Puerta de enlace predeterminada . . . . . :

Adaptador de túnel isatap.{783A444D-ACDA-40AB-8130-AE32490BB1BE}:

    Estado de los medios. . . . . . . . . . . : medios desconectados
    Sufijo DNS específico para la conexión. . :

Adaptador de túnel isatap.{7C943D95-1B6C-4641-B64C-C2833D800891}:

    Estado de los medios. . . . . . . . . . . : medios desconectados
    Sufijo DNS específico para la conexión. . :

C:\Users\usuario>
```

En el ejemplo se ve que hay dos adaptadores de red y que uno tiene asignadas dos direcciones. Las direcciones aparecen en líneas que contienen la cadena *IPv4*. Ya tenemos la cadena para hacer un **find**.

```
C:\Users\usuario>ipconfig | find "IPv4"
   Dirección IPv4. . . . . . . . . . . . . . : 192.168.88.245
   Dirección IPv4. . . . . . . . . . . . . . : 10.0.2.24
   Dirección IPv4. . . . . . . . . . . . . . : 192.168.88.55

C:\Users\usuario>_
```

Pero de cada línea solo nos interesa la dirección. Aquí entra en acción el comando **for**. De cada línea nos interesa el *token* segundo siendo el delimitador de *tokens* los dos puntos, por lo tanto, el comando quedaría:

```
C:\Users\usuario>for /f "usebackq delims=: tokens=2" %i in (`ipconfig ^| find "I
Pv4"`) do @echo %i
 192.168.88.245
 10.0.2.24
 192.168.88.55

C:\Users\usuario>_
```

Adviértase como se ha escapado el carácter de *pipping* o tubería **|**. También nótese como ha habido que utilizar la sintaxis alternativa para el entrecomillado **usebackq**, porque el comando **find** precisa de comillas para indicar la cadena de búsqueda.

Si queremos afinar más y eliminar el espacio que hay al comienzo de cada línea podríamos haber pasado la salida por un nuevo **for** en el que el delimitador sea el espacio

```
C:\Users\usuario>for /f "usebackq delims=: tokens=2" %i in (`ipconfig ^| find "I
Pv4"`) do @for /f %j in ("%i") do @echo %j
192.168.88.245
10.0.2.24
192.168.88.55

C:\Users\usuario>
```

Volviendo al ejercicio del archivo **saveExt** de la página 45, y el **for /r** que vimos que producía errores en la copia cuando *carpeta_destino* era una subcarpeta de *carpeta_origen*, vamos a ver una solución alternativa que no produce estos errores. Mediante un **for /f** ejecutamos el comando **dir /b /s** para localizar los nombres de los archivos y copiar cada uno a la *carpeta_destino*

La parte de proceso del argumento /s y de la extensión quedará:

```
:: si es /S activamos un flag
if /I "%3"=="/S" (
    set recursivo=/s
:: para que la primera extensión sea %3 tanto si se puso /S como si no
    shift /3
)

:: extensiones

:: comprobamos que al menos hay una extensión
```

```
if "%3"=="" (
    echo se debe indicar al menos una extensión para la copia 1>&2
    echo.
    endlocal
    exit /b 4
)

:: variable que indicará si se produce algún error con alguna extensión
set error=0

:bucle
  if "%3"=="" (
:: no hay más extensiones
    echo.
    echo copia terminada
    exit /b %error%
  )
:: proceso de la extensión
  echo procesando extensión %3
  for /F "usebackq" %%i in (`dir /b %recursivo%  %carpetaOrigen%\"*%~3"`
  ) do (
   copy /y  %%i %carpetaDestino% >nul 2>nul
        if ERRORLEVEL 1 (
            echo error al procesar la extensión %3 1>&2
            set error=5
        )
  )

  shift /3
goto bucle


endlocal
exit /b 0
```

Recordemos la potencia que nos ofrece la expansión de los argumentos de los archivos **bat,** por ejemplo, para poder extraer el tamaño de un archivo si su nombre está contenido en un argumento en línea utilizando la sintaxis **%~z1**.

¿Cómo se puede extraer el tamaño de un archivo si su nombre está contenido en una variable de entorno en lugar de en un argumento de la línea de comando? El comando **for** nos lo permitirá. La variable del **for** se comporta en cuanto a expansión como un argumento de la línea de comando, por lo tanto, si suponemos que en una variable de entorno **archivo** tenemos el nombre de un archivo podemos acceder a su tamaño de la siguiente manera:

```
C:\Users\usuario\scripts>set archivo=c:\windows\system32\drivers\etc\hosts

C:\Users\usuario\scripts>for /f %i in ("%archivo%") do @echo %~zi
824

C:\Users\usuario\scripts>_
```

El problema del momento en que se expanden las variables

El intérprete de comandos cuando tiene que analizar un comando para su posterior ejecución realiza la expansión de las variables que aparezcan en el comando sustituyéndolas por su contenido, así cuando le decimos al intérprete que ejecute el comando

```
echo la carpeta de java es %JAVA_HOME%
```

En realidad, el intérprete va a ejecutar el comando, pero con el contenido de la variable ya sustituido. Si la variable contiene **C:\Program Files\Java\jdk1.8.0_102** entonces el intérprete ejecutará:

```
echo la carpeta de java es C:\Program Files\Java\jdk1.8.0_102
```

Esto que en principio no afecta a la ejecución de la mayoría de los comandos presenta problemas cuando se trata de un comando que contiene bloques de comandos, por ejemplo, **if** o **for** y en este bloque hay asignaciones a una variable y a su vez la necesidad de recuperar este valor. Con un ejemplo lo entenderemos:

```
@echo off
chcp 28591 >nul

setlocal

set suma=0
for /L %%i in (1 1 10) do (
    set /a suma=%suma%+%%i
)
echo suma de los 10 primeros números enteros %suma%

exit /b 0
```

En principio parecería que el resultado debería ser **10** y que la variable **suma** iría tomando los valores **1,3,6,10 ...** Vamos a ver que no es así. Vamos a poner como comentario la primera línea del archivo

```
:: @echo off
```

Y a ejecutar:

```
C:\Users\usuario\scripts>suma10.bat
suma de los 10 primeros números enteros 10

C:\Users\usuario\scripts>suma10.bat

C:\Users\usuario\scripts>chcp 28591  1>nul

C:\Users\usuario\scripts>setlocal

C:\Users\usuario\scripts>set suma=0

C:\Users\usuario\scripts>for /L %i in (1 1 10) do (set /a suma=0+%i )

C:\Users\usuario\scripts>(set /a suma=0+1 )

C:\Users\usuario\scripts>(set /a suma=0+2 )

C:\Users\usuario\scripts>(set /a suma=0+3 )

C:\Users\usuario\scripts>(set /a suma=0+4 )

C:\Users\usuario\scripts>(set /a suma=0+5 )

C:\Users\usuario\scripts>(set /a suma=0+6 )

C:\Users\usuario\scripts>(set /a suma=0+7 )

C:\Users\usuario\scripts>(set /a suma=0+8 )

C:\Users\usuario\scripts>(set /a suma=0+9 )

C:\Users\usuario\scripts>(set /a suma=0+10 )

C:\Users\usuario\scripts>echo suma de los 10 primeros números enteros 10
suma de los 10 primeros números enteros 10

C:\Users\usuario\scripts>exit /b 0

C:\Users\usuario\scripts>_
```

Se ve que, en el bucle, la expresión aritmética que se evalúa es siempre **suma=0+**%%*i*. Esto se debe a la expansión previa a la ejecución del comando **for.** En realidad, el comando que está ejecutando es:

```
for /L %%i in (1 1 10) do (
    set /a suma=0+%%i
)
```

Porque al analizar el comando **for** ha procedido a la expansión de la variable **suma**. Para que funcionara como cabría esperar el intérprete debería retrasar la expansión de las variables al momento de la ejecución y no en la fase de interpretación o análisis sintáctico. La expansión tardía de variables se activa con el comando:

```
SETLOCAL ENABLEDELAYEDEXPANSION
```

A partir de este momento si queremos retardar la expansión de una variable al momento de la ejecución deberemos referirnos a la variable como *!variable!* en lugar de *%variable%*.

Para desactivar la expansión retrasada de variables se ejecutará el comando:

```
SETLOCAL DISABLEDELAYEDEXPANSION
```

Probemos nuestro archivo **bat** que sumaba los **10** primeros números enteros:

```
@echo off
chcp 28591 >nul

setlocal
setlocal enabledelayexpansion

set suma=0
for /L %%i in (1 1 10) do (
    set /a suma=!suma!+%%i
)
echo suma de los 10 primeros números enteros %suma%

exit /b 0
```

```
C:\Users\usuario\scripts>suma10.bat
suma de los 10 primeros números enteros 55

C:\Users\usuario\scripts>
```

▥ Los archivos temporales

A veces, en nuestros archivos **bat** necesitamos utilizar archivos, para ir almacenando determinada información, que posteriormente utilizaremos en el mismo archivo **bat** y que al término del mismo ya no es necesario conservar. Esto es a lo que se llama *archivo temporal,* que es un archivo normal con la única diferencia que solo tiene vida mientras el archivo **bat** esté en ejecución. Las aplicaciones normales utilizan con frecuencia este tipo de archivos, por ejemplo, Microsoft Word crea un archivo temporal con el contenido del archivo que se abre sobre el que va realizando las operaciones de edición. Este archivo desaparece al cerrar el archivo que se abrió.

Hay dos variables de entorno en Windows que almacenan el path de una carpeta en la que se pueden almacenar archivos temporales, son las variables **TEMP** y **TMP** que normalmente apuntan a **%USERPROFILE%\AppData\Local\Temp** las del usuario y a **C:\Windows\Temp** la del sistema. En estas carpetas tenemos asegurado que podremos crear archivos y carpetas y que solo el usuario propietario tiene acceso es estos archivos que creemos.

El nombre del archivo temporal que se cree debe ser lo más aleatorio y raro posible para evitar que dos aplicaciones o archivos **bat** que estén en funcionamiento puedan utilizar el mismo archivo porque les coincide el nombre. ¿Cómo generamos un nombre lo más aleatorio posible? Hay muchas formas de generar un nombre aleatorio, unas más complicadas que otras. Una forma muy sencilla es generar un nombre basado en el contenido de la variable de entorno **%RANDOM%** que contiene un número entero aleatorio entre **0** y **32767**. Si además lo completamos con una serie de caracteres más o menos al azar como por ejemplo **Asmf-_H3b** tendremos un nombre de archivo que es bastante difícil que esté repetido: **Asmf-_H3b28674.$$$**.

Si queremos hacer más aleatorio el nombre podemos también utilizar los valores de las variables de entorno **DATE** y **TIME.**

63

Vamos a hacer un archivo **bat** que genere y muestre en pantalla el nombre para un archivo temporal:

```
@echo off

if "%1"=="/?" (
    echo genera un nombre al azar para un archivo temporal
    echo.
    echo sintaxis:
    echo.
    echo          GETTEMPFILENAME [/?]
    echo.
    echo.          /^?    muestra esta ayuda
    exit /b 0
)
if not "%1"=="" (
    echo.
    echo error de sintaxis. el comando sólo admite el argumento /?   1>&2
    echo.
    exit /b 1
)

setlocal

set nombre=aFrtMf%date:/=%%time::=%.$$$
echo %nombre:,=%
exit /b 0
```

```
C:\Users\usuario>getTempFileName
aFrtMf2903201812113904.$$$

C:\Users\usuario>getTempFileName
aFrtMf2903201812114046.$$$

C:\Users\usuario>_
```

El comando **set** quita el carácter **/** del contenido de la variable de entorno **%DATE%** y el carácter **:** de la variable **%TIME%** y concatena sus valores una vez quitados esos caracteres obteniendo una secuencia de números que no volverá a coincidir hasta dentro de 100 años. El **echo** posterior muestra el contenido de la variable una vez quitado el separador de los milisegundos que es una coma.

Vamos a codificar un archivo **bat** que permita hacer *merge* de 1 o más archivos de texto. El archivo recibirá como argumentos los nombres de los archivos y mostrará en la salida estándar el contenido de los archivos concatenados y ordenados desde la primera columna. Si alguno de los archivos no existiera o se produjera algún tipo de error al acceder a él, se avisará de la incidencia y el archivo terminará con una condición de error y no realizándose ninguna operación de mezcla.

En este ejercicio vamos a necesitar un archivo temporal en el que ir concatenando los archivos referenciados por los argumentos para posteriormente enviárselo al comando **sort** para proceder a su ordenación y envío a la salida estándar. El nombre del archivo temporal que vamos a necesitar lo vamos a obtener del archivo **bat** del ejercicio anterios **getTempFileName**.

```
@echo off
chcp 28591 >nul

if "%1"=="" (
    call :Ayuda
    exit /b 0
)
if "%1"=="/?" (
    call :Ayuda
    exit /b 0
)

setlocal

:: obtener nombre del archivo temporal
for /f %%i in ( 'getTempFileName.bat' ) do (
    set nombreArchivo=%TMP%\%%i
)
if errorlevel 1 (
    echo. 1>&2
    echo no se pudo obtener el nombre del archivo temporal
    ^(getTempFileName^) 1>&2
    echo. 1>&2
    exit /b 2
)

:: procesar argumentos
for %%i in (%*) do (
    type %%i >>%nombreArchivo% 2>nul
    if errorlevel 1 (
        echo. 1>&2
        echo se produjo un error con %%i 1>&2
        echo. 1>&2
        del %nombreArchivo% >nul 2>nul
        exit /b 1
    )
)

:: ordenar y mostrar
sort %nombreArchivo% 2>nul
if errorlevel 1 (
        echo. 1>&2
        echo no se pudo ordenar la salida 1>&2
        echo. 1>&2
        del %nombreArchivo% >nul 2>nul
        exit /b 1
    )

del %nombreArchivo% >nul 2>nul
endlocal
exit /b 0

:Ayuda
```

```
echo.
echo mezcla y ordena archivos de texto
echo.
echo sintaxis:
echo.
echo        MERGE [/?^|archivo [...]]
echo.
echo.       /^?           muestra esta ayuda
echo        archivo      archivo para mezclar y ordenar
echo.
exit /b 0
```

C:\Users\usuario\scripts>merge

mezcla y ordena archivos de texto

sintaxis:

     MERGE [/?|archivo [...]]

     /?   muestra esta ayuda
     archivo   archivo para mezclar y ordenar

C:\Users\usuario\scripts>merge ..\datos ..\datos2
023 bc
123 abc
200 xxxx
231 asdasds
356 mmmm
845 eqweq
999 asdasd

C:\Users\usuario\scripts>merge ..\datos ..\datos2 pp

se produjo un error con pp

C:\Users\usuario\scripts>echo %errorlevel%
1

C:\Users\usuario\scripts>

Véase como se ha obtenido el nombre del archivo temporal desde la salida del **getTempFileName.bat**. Nótese también como se han recorrido el número indeterminado de argumentos y como se ha eliminado siempre el archivo temporal al terminar, tanto sin condición de error como con condición de error.

■ Casos prácticos

Vamos a desarrollar algunos casos prácticos completos en los que aplicaremos todas las técnicas vistas.

1. Mostrar un archivo de texto al iniciar sesión

Se desea que cuando un usuario inicie sesión se abra de forma automática el editor de texto asociado a la extensión **.txt** mostrando el contenido de un archivo de texto para notificar al usuario los mensajes del día, o las tareas a realizar, o un aviso de su superior... Para facilitar la gestión vamos a codificar un archivo **.bat** que permita:

- Poner el archivo para que lo vean todos los usuarios del sistema
- Poner el archivo para que lo vean los usuarios que se enumeren en la línea de comando
- Poner el archivo para que lo vean los usuarios anotados en un archivo de texto, algo parecido a una lista de correo
- Eliminar anteriores archivos de avisos para todos los usuarios o para los usuarios anotados en un archivo de texto o en una lista de la línea de comando

El formato del archivo **.bat** que se ajusta a las especificaciones podría ser:

INITMESS [/?]|[[/D][/A|/F:*archivo*|/U:*usuario*[:*usuario*...]]]

archivo_mensaje.txt

Con el siguiente significado de los argumentos:

/?	Muestra la ayuda del archivo **.bat**
/D	Indica que en lugar de copiar el archivo, se borrará
/A	La copia o el borrado se realizará para todos los usuarios
/F:*archivo*	Indica el nombre del archivo del que se tomarán los nombres de los usuarios afectados por la operación. Será un archivo de texto conteniendo en cada línea un nombre de usuario
/U:*usuario*[:*usuario*...]	Indica los nombres de los usuarios a los que afectará la operación
archivo_mensaje.txt	Indica el nombre del archivo de texto que contiene el mensaje a mostrar. Obligatoriamente ha de tener extensión o **.txt**

Si se ejecuta sin argumentos o con el argumento **/?** se mostrará la ayuda del archivo **.bat**. La acción por defecto será realizar la operación a todos los usuarios, es decir, es equivalente a indicar el argumento **/A**. El archivo con el mensaje es obligatorio. Se ha optado por separar los nombres de usuario con **:** porque la coma y el punto y coma actúan como separador de argumentos en la línea de comandos y no podríamos recuperar el argumento **/U** y su lista de usuarios como un único argumento.

El archivo generará mensajes de error y activará condiciones de error en **ERRORLEVEL** cuando se detecte cualquier anomalía.

La realización de las operaciones necesarias para implementar la funcionalidad se puede enfocar de dos formas: programando tareas en el *task scheduler* o más fácilmente colocando un acceso directo o el mismo archivo en la carpeta **Inicio** (**D:\Users***usuario***\AppData\Roaming\Microsoft\Windows\Start Menu\Programs\Startup**, por defecto) en los perfiles de los usuarios o en la carpeta de inicio del sistema (**C:\ProgramData\Microsoft\Windows\Start Menu\Programs\StartUp**). Vamos a enfocar nuestra codificación hacia esta segunda manera.

El path a las carpetas de los perfiles de los usuarios está almacenado en el registro bajo el valor **ProfileImagePath** contenido en la clave **HKLM\SOFTWARE\Microsoft\Windows NT\CurrentVersion\ProfileList** *SID*. Siendo SID el identificador de cada usuario. A los usuarios creados después de la instalación se les asigna un SID cuyos últimos cuatro dígitos son superiores o igual a **1000**. El primer usuario creado tendrá algo parecido a S-1-5-21-1174889917-1729826989-3675773361-1000. Por otro lado, el SID de un usuario en relación a su nombre lo podemos sacar con el comando **wmic** que sirve para extraer, y algunas veces cambiar, casi cualquier tipo de información del sistema

---

Comando wmic

wmic (Windows Management Instrumentation Command) permite extraer y a veces cambiar, un amplio rango de información del sistema. Permite extraer información estructurada en categorías o *alias* **como**, por ejemplo, **USERACCOUNT, BIOS, CPU, DISKDRIVES,** etc. Dentro de cada categoría se puede filtrar la información con una cláusula **WHERE** similar a la de **SQL** y seleccionar parte de la información en base a propiedades. Por ejemplo, se puede seleccionar del alias **USERACCOUNT** su propiedad **SID**. Dada la ingente cantidad de información que está accesible, es imposible enumerar todas las posibilidades que ofrece este comando, pero el acceso a es información se realiza de la misma forma.

```
WMIC [modificadores_globales] alias  [cláusula WHERE]
                                     [verbo] [formato]
```

Los *modificadores_globales* sirven por ejemplo para ejecutar **wmic** en otros equipos, indicar un usuario y contraseña para estos equipos, redirigir la salida del comando al portapapeles, etc

```
WMIC /node:192.168.1.254 /user:usuario /password:123456
        /output:shares.html SHARE get name,path /format:csv
```

Los *alias* indican la categoría de información a la que se desea acceder:

ALIAS	Acceso a los alias disponibles en el sistema local
BASEBOARD	Administración de la placa base
BIOS	Administración de servicios básicos de entrada/salida (BIOS).
BOOTCONFIG	Administración de la configuración de arranque.
CDROM	Administración de CD-ROM.
COMPUTERSYSTEM	Administración de sistemas.
CPU	Administración de CPU.
CSPRODUCT	Información del producto del sistema desde SMBIOS.
DATAFILE	Administración de DataFile.
DCOMAPP	Administración de aplicación DCOM.
DESKTOP	Administración de escritorio de usuario.

DESKTOPMONITOR	Administración de monitor de escritorio.
DEVICEMEMORYADDRESS	Administración de direcciones de memoria de dispositivos.
DISKDRIVE	Administración de unidades de disco físicas.
DISKQUOTA	Uso de espacio en disco para volúmenes NTFS.
DMACHANNEL	Administración de canales de acceso directo a memoria (DMA).
ENVIRONMENT	Administración de configuración de entorno del sistema.
FSDIR	Administración de la entrada de directorio Filesystem.
GROUP	Administración de cuentas de grupo.
IDECONTROLLER	Administración de controladores IDE.
IRQ	Administración de línea de solicitud de interrupción (IRQ).
JOB	Proporciona acceso a los trabajos programados utilizando el servicio de programación.
LOADORDER	Administración de servicios del sistema que definen dependencias de ejecución.
LOGICALDISK	Administración de dispositivos de almacenamiento local.
LOGON	Sesiones de inicio.
MEMCACHE	Administración de caché de memoria.
MEMORYCHIP	Información del chip de memoria.
MEMPHYSICAL	Administración de la memoria física del sistema.
NETCLIENT	Administración de clientes de red.
NETLOGIN	Información de inicio de sesión de red (de un usuario en particular).
NETPROTOCOL	Administración de protocolos (y sus características de red).
NETUSE	Administración de conexiones activas de red.
NIC	Administración de interfaz de red (NIC).
NICCONFIG	Administración de adaptador de red.
NTDOMAIN	Administración de dominios de NT.
NTEVENT	Entradas en el registro de eventos de NT.
NTEVENTLOG	Administración de archivos de registro de eventos de NT.
ONBOARDDEVICE	Administración de dispositivos adaptadores comunes integrados en la placa base (placa del sistema).
OS	Administración de sistemas operativos instalados.
PAGEFILE	Administración del archivo de intercambio de memoria.
PAGEFILESET	Administración de la configuración del archivo de paginación.
PARTITION	Administración de áreas particionadas del disco físico.
PORT	Administración de puertos de E/S.
PORTCONNECTOR	Administración de conexiones físicas de puertos.
PRINTER	Administración de dispositivos de impresión.
PRINTERCONFIG	Administración de la configuración de dispositivos de impresión.
PRINTJOB	Administración de trabajos de impresión.
PROCESS	Administración de procesos.
PRODUCT	Administración de tareas del paquete de instalación.
QFE	Ingeniería de corrección rápida.
QUOTASETTING	Información de la configuración de cuotas de disco en un volumen.

RDACCOUNT	Administración de permisos de conexión a Escritorio remoto.
RDNIC	Administración de conexión a Escritorio remoto en un adaptador de red específico.
RDPERMISSIONS	Permisos para una conexión a Escritorio remoto específica.
RDTOGGLE	Activar o desactivar de forma remota la escucha del escritorio remoto.
RECOVEROS	Información que se generará a partir de la memoria cuando hay un error en el sistema operativo.
REGISTRY	Administración del Registro del sistema.
SCSICONTROLLER	Administración de controladores SCSI.
SERVER	Administración de información de servidor.
SERVICE	Administración de aplicación de servicio.
SHADOWCOPY	Administración de instantáneas.
SHADOWSTORAGE	Administración del área de almacenamiento de Instantáneas.
SHARE	Administración de recursos compartidos.
SOFTWAREELEMENT	Administración de los elementos de un software instalado en un sistema.
SOFTWAREFEATURE	Administración de subconjuntos de software de SoftwareElement.
SOUNDDEV	Administración de dispositivos de sonido.
STARTUP	Administración de comandos que se ejecutan automáticamente cuando los usuarios inician sesión en el sistema.
SYSACCOUNT	Administración de cuentas del sistema.
SYSDRIVER	Administración de controladores de sistema para un servicio de base.
SYSTEMENCLOSURE	Administración de la cubierta física del sistema.
SYSTEMSLOT	Administración puntos físicos de conexión, que incluyen puertos, ranuras y periféricos, y puntos de conexión de propietario.
TAPEDRIVE	Administración de unidades de cinta.
TEMPERATURE	Información de administración del sensor de temperatura (termómetro electrónico).
TIMEZONE	Administración de zonas horarias.
UPS	Administración del sistema de alimentación ininterrumpida (SAI).
USERACCOUNT	Administración de cuentas de usuario.
VOLTAGE	Administrador de datos del sensor de voltaje (voltímetro electrónico).
VOLUME	Administración de volumen de almacenamiento local.
VOLUMEQUOTASETTING	Asocia la configuración de cuota del disco con un volumen de disco específico.
VOLUMEUSERQUOTA	Administración de cuotas de volumen de almacenamiento por usuario.
WMISET	Administración de parámetros de operación del servicio WMI.

La cláusula **WHERE** permite filtrar la información obtenida del *alias* con sintaxis WQL de Microsoft similar a la de SQL. Se pueden utilizar los operadores relacionales: = < > <= > != y **LIKE** y los operadores booleanos **NOT AND OR.** Se usarán comillas para delimitar cadenas que contengan espacios o caracteres especiales y es importante no dejar espacio entre los operadores relacionales (excepto **LIKE**) y las propiedades y valores.

```
wmic process where (name="cmd.exe" or name="calc.exe")

wmic process where (executablepath like "%system32%")
```

Los verbos pueden ser:

```
        LIST
        GET
        CALL
        CREATE
        DELETE
        ASSOC

Y formato especifica la forma en que se ve la información

        /FORMAT:csv|hform|htable-sortby|htable|texttable|
                                    textvaluelist|xml

Para información más detallada se puede ejecutar:

WMIC alias /?
WMIC alias verbo /?

wmic logicaldisk where drivetype!=4 get deviceid, description,
                                    volumename
```

WMIC siempre devuelve una línea vacía al final de la información por lo que deberá tenerse en cuenta cuando se procese dentro de un fichero bat en un bucle FOR.

WMIC ejecutado dentro de un archivo bat, a veces, se bloquea. Posibles soluciones pueden ser:

```
START "" /W CMD /C WMIC opciones
WMIC opciones <NUL
```

En nuestro caso el siguiente comando nos devuelve el SID del usuario con nombre **usuario**

```
C:\Users\usuario>wmic useraccount where name="usuario" get sid
SID
S-1-5-21-1174889917-1729826989-3675773361-1001


C:\Users\usuario>_
```

Antes de desarrollar el ejercicio completo, vamos a codificar un archivo bat con nombre **userSID** que admita como argumento el nombre de un usuario y devuelva su SID.

```
@echo off
chcp 28591 >nul

if "%1"=="" (
    call :Ayuda
    exit /b 0
)
if "%1"=="/?" (
    call :Ayuda
    exit /b 0
)

if NOT "%~2"=="" (
    echo el comando solo admite un argumento 1>&2
    exit /b 1
)
setlocal

rem comprobar si existe el usuario
net user %1 >nul 2>nul
if ERRORLEVEL 1 (
    echo el usuario %1 no existe 1>&2
    exit /b 2
)

wmic useraccount where name="%1" get sid | findstr "^S-"

exit /b 0

 :Ayuda
echo.
echo muestra el SID de un usuario
echo.
echo sintaxis:
echo.
echo       USERSID [/?^|usuario]
echo.
echo.    /^?        muestra esta ayuda
echo      usuario    usuario del que mostrar su SID
echo.
exit /b 0
```

```
C:\Users\usuario>usersid usuario
S-1-5-21-1174889917-1729826989-3675773361-1001


C:\Users\usuario>usersid pp
el usuario pp no existe

C:\Users\usuario>echo %ERRORLEVEL%
2

C:\Users\usuario>_
```

Vamos codificar ahora un archivo bat con nombre **userProfilePath** que usando el anterior nos devuelva el path a la carpeta de perfil del usuario que se pase como argumento

```
@echo off
chcp 28591 >nul

if "%1"=="" (
   call :Ayuda
   exit /b 0
)
if "%1"=="/?" (
   call :Ayuda
   exit /b 0
)

if NOT "%~2"=="" (
   echo el comando solo admite un argumento 1>&2
   exit /b 1
)
setlocal
rem comprobar si existe el usuario
net user %1 >nul 2>nul
if ERRORLEVEL 1 (
   echo el usuario %1 no existe 1>&2
   exit /b 2
)

for /f %%i in ('call userSID %1') do (
   set sid=%%i
)
(for /f "tokens=3" %%i in ('reg query "HKLM\Software\Microsoft\Windows
   NT\CurrentVersion\ProfileList\%sid%" /v ProfileImagePath ') do (
    set profilePath=%%i
)) 2> nul
if "%profilePath%"=="" (
   echo no se encontró el perfil del usuario %1 1>&2
   exit /b 3
)
echo %profilePath%

exit /b 0

:Ayuda
```

```
echo.
echo muestra el path a la carpeta de perfil de un usuario
echo.
echo sintaxis:
echo.
echo      USERPROFILEPATH [/?^|usuario]
echo.
echo.    /^?         muestra esta ayuda
echo     usuario    usuario del que mostrar su SID
echo.
exit /b 0


C:\Users\usuario>userprofilepath usuario
C:\Users\usuario

C:\Users\usuario>userprofilepath pp
el usuario pp no existe

C:\Users\usuario>echo %ERRORLEVEL%
2

C:\Users\usuario>_
```

Comenzamos como siempre con el filtrado de los argumentos. Argumento de ayuda

```
@echo off
chcp 28591 >nul

rem sin argumentos o con /? mostrar la ayuda
if "%1"=="" (
    call :Ayuda
    exit /b 0
)
if "%1"=="/?" (
    call :Ayuda
    exit /b 0
)


rem resto código


exit /b 0

:Ayuda
echo.
echo Permite copiar un archivo de texto .txt a la carpeta Inicio de los
   usuarios
echo para que se muestre al iniciar sesión con el editor asociado a la
   extensión
echo.
echo Se necesitan privilegios de administrador para ejecutar el comando
echo.
echo SINTAXIS
echo.
```

```
echo       INITMESS [/?]^|[[/D][/A^|/F:archivo^|/U:usuario[:usuario...]]]
echo                                        archivo_mensaje.txt
echo.
echo. /^?        Muestra esta ayuda
echo /D         Indica que en lugar de copiar el archivo, se borrará
echo /A         La copia o el borrado se realizará para todos
echo                           los usuarios
echo /F:archivo Indica el nombre del archivo del que se tomarán los
echo            nombres de los usuarios afectados por la operación.
echo            Será un archivo de texto conteniendo en cada línea un
echo            nombre de usuario
echo /U:usuario[:usuario...] Indica los nombres de los usuarios a los que
echo            afectará la operación
echo archivo_mensaje.txt Indica el nombre del archivo de texto que
echo            contiene el mensaje a mostrar.
echo            Obligatoriamente ha de tener extensión o .txt
echo.
exit /b 0
```

Si el primer argumento fuera **/D** activamos la marca de borrado en una variable y pasamos al siguiente argumento haciendo **shift.**. A continuación, comprobaremos si aparecen los argumentos con los nombres de los usuarios que procederemos a almacenar en un archivo temporal, uno por línea y realizaremos otro **shift** de forma que en **%1,** al final, siempre estará el nombre del archivo a copiar.

```
@echo off
chcp 28591 >nul

rem sin argumentos o con /? mostrar la ayuda
if "%1"=="" (
    call :Ayuda
    exit /b 0
)
if "%1"=="/?" (
    call :Ayuda
    exit /b 0
)

setlocal

rem comprobar si el segundo argumento es el de borrar en lugar de copiar
set flagBorrado=0
if /I "%1"=="/D" (
    set flagBorrado=1
    shift
)

rem comprobar que hay como mínimo un argumento más
if "%1"=="" (
    echo. 1>&2
    echo error de sintaxis, faltan argumentos 1>&2
    echo. 1>&2
    call :Ayuda 1>&2
    exit /b 1
)
```

```
rem comprobar argumento /A y guardar
set segundoArgumento=%1

if /I "%1" EQU "/A" (
   set todos=1
   shift
) else (
   if /I "%segundoArgumento:~0,3%" EQU "/F:" (
      rem en el argumento debe aparecer el nombre del archivo
      rem con los nombres de los usuarios que hay que comprobar
      type %segundoArgumento:~3% >nul 2>nul
      if errorlevel 1 (
         echo el argumento /F debe ir seguido de un nombre de archivo
                                              válido 1>&2
         echo. 1>&2
         exit /b 2
      )
      set nombreArchivo=%segundoArgumento:~3%
      shift
   ) else (
      rem comprobar argumento /U
      if /I "%segundoArgumento:~0,3%" EQU "/U:" (
         rem en el argumento deben aparecer los nombres de los usuarios
         rem afectados
         rem guardamos los nombres de los usuarios
         set nombresUsuarios=%segundoArgumento:~3%
         shift
      ) else (
         rem no se ha especificado ni /A ni /F ni /U, por lo tanto, todos
         set todos=1
      )
   )
)


rem en este momento en %1 debería haber un nombre de archivo válido
rem con extensión .txt
type %1 >nul 2>nul
if errorlevel 1 (
   echo el archivo %1 no es un nombre de archivo .txt válido 1>&2
   exit /b 3
)
if NOT "%~x1"==".txt" (
   echo el archivo %1 no es un nombre de archivo .txt válidoX 1>&2
   exit /b 3
)


rem fin filtrado argumentos

rem si se indicó argumento /A copiar el archivo en la ruta
rem de inicio del sistema
if "%todos%"=="1" (
   if "%flagBorrado%"=="1" (
      del "C:\ProgramData\Microsoft\Windows\Start
   Menu\Programs\StartUp\%~nx1" >nul 2>nul
      if errorlevel 1 (
         echo no se pudo borrar el archivo. %ñx1 de la carpeta 1>&2
```

```
            echo  C:\ProgramData\Microsoft\Windows\Start
Menu\Programs\StartUp 1>&2
            echo Compruebe que tiene los permisos suficientes 1>&2
            exit /b 5
        )
        echo.
        echo se borró el archivo C:\ProgramData\Microsoft\Windows\Start
Menu\Programs\StartUp\%1
        echo.
        exit /b 0
    ) else (
        copy %1 "C:\ProgramData\Microsoft\Windows\Start
Menu\Programs\StartUp\" >nul 2>nul
        if errorlevel 1 (
            echo no se pudo realizar la operación. Compruebe que tiene los
permisos suficientes 1>&2
            echo en la carpeta C:\ProgramData\Microsoft\Windows\Start
Menu\Programs\StartUp 1>&2
            exit /b 6
        )
        echo.
        echo se copió el archivo %1 a
C:\ProgramData\Microsoft\Windows\Start Menu\Programs\StartUp
        echo.
        exit /b 0
    )
)


rem para el resto de opciones
rem vamos a crear un archivo temporal en el que almacenar
rem los nombres de los usuarios uno por línea

rem generamos el nombre al azar
for /f %%i in ('call getTempFileName') do (
    set archivoTemporal=%%i
)

if errorlevel 1 (
    echo no se pudo crear el archivo temporal necesario 1>&2
    echo el archivo getTempFileName.bat ha de estar disponible 1>&2
    exit /b 7
)


rem si se indicó argumento /F hacemos un duplicado de él
rem en la carpeta de archivos temporales
if not "%nombreArchivo%"=="" (
    copy %nombreArchivo%" %temp%\%archivoTemporal% >nul 2>nul
    if ERRORLEVEL 1 (
        echo no se pudo crear el archivo temporal necesario 1>&2
        exit /b 8
    )
) else (
    rem se ha especificado /U, en nombresUsuarios están
    rem los nombres de los usuarios separados por :
    rem creamos el archivo temporal vacío
    set a= >%temp%\%archivoTemporal% 2>nul
```

```
        if ERRORLEVEL 1 (
            echo no se pudo crear el archivo temporal necesario 1>&2
            exit /b 8
        )
rem añadimos cada nombre en una línea
    for %%i in (%nombresUsuarios::= %) do (
        echo %%i >>%temp%\%archivoTemporal%
    )
)

rem en este punto tenemos en cada línea del archivo temporal los nombres
rem de los usuarios a los que hay que poner el archivo

set error=0
setlocal enabledelayedexpansion

rem para cada usuario que esté anotado en el archivo temporal
for /f %%i in (%temp%\%archivoTemporal%) do (
    set flag=0
    rem recuperamos la ruta a su perfil
    for /f "tokens=*" %%j in ('call userProfilePath %%i 2^>nul') do (
        echo %%j
        if %flagBorrado%==1 (
            del "%%j\AppData\Roaming\Microsoft\Windows\Start
    Menu\Programs\Startup\%~nx1" >nul 2>nul
        ) else (
            copy %1 "%%j\AppData\Roaming\Microsoft\Windows\Start
    Menu\Programs\Startup\" >nul 2>nul
        )
        if ERRORLEVEL  1 (
            echo no se pudo copiar/borrar el archivo en la carpeta del
    usuario %%i 1>&2
            set error=9
        )
        set flag=1
    )
    if !flag!==0 (
        echo el usuario %%i no existe o no se encuentra el archivo
                    userProfilePath.bat 1>&2
        set error=10
    )
)
if %error%==0 (
    if %flagBorrado%==1 (
        echo borrado realizado
    ) else (
        echo copia realizada
    )
)
rem borramos el archivo temporal
del %temp%\%archivoTemporal% >nul 2>nul
exit /b %error%

:Ayuda
echo.
echo Permite copiar un archivo de texto .txt a la carpeta Inicio de los
    usuarios
```

```
echo para que se muestre al iniciar sesión con el editor asociado a la
    extensión
echo.
echo Se necesitan privilegios de administrador para ejecutar el comando
echo.
echo SINTAXIS
echo.
echo     INITMESS [/?]^|[[/D][/A^|/F:archivo^|/U:usuario[:usuario...]]]
echo                                         archivo_mensaje.txt
echo.
echo. /^?        Muestra esta ayuda
echo /D          Indica que, en lugar de copiar el archivo, se borrará
echo /A          La copia o el borrado se realizará para todos
echo                        los usuarios
echo /F:archivo  Indica el nombre del archivo del que se tomarán los
echo             nombres de los usuarios afectados por la operación.
echo             Será un archivo de texto conteniendo en cada línea un
echo             nombre de usuario
echo /U:usuario[:usuario...] Indica los nombres de los usuarios a los que
echo             afectará la operación
echo archivo_mensaje.txt Indica el nombre del archivo de texto que
echo             contiene el mensaje a mostrar.
echo             Obligatoriamente ha de tener extensión o .txt
echo.
exit /b 0
```

2. Buscar archivos en todos los volúmenes con una determinada extensión

Vamos a codificar un archivo bat con nombre **dirext.bat** , que muestree el nombre y ruta de todos los archivos cuya extensión sea la o las indicadas como parámetros. La búsqueda se realizará en todos los volúmenes que se encuentren montados y que tengan asignada una letra de unidad de disco.

Antes de desarrollar el ejercicio, vamos a codificar un archivo **diskletter.bat** que nos devuelva la lista de las unidades de disco que están asignadas a volúmenes y que soportan un sistema de archivos, así tendremos que comprobar que el las unidades asignadas a sistemas de archivos extraíbles hay información accesible.

```
@echo off
if "~1"=="/?" (
echo.
echo Muestra la lista de letras de unidades de disco asignadas en el
    sistema
echo.
echo FORMATO:
echo             DISKLETTER [/?]
echo.
echo. /?   muestras esta ayuda
exit /b 0
)
if NOT "%~2"=="" (
```

```
            echo.
            echo error de sintaxis, el comando solo admite el argumento /?
            echo.
            exit /b 1
)

for /f %%i in ('wmic volume get driveletter ^| find ":"') do (
    dir %%i >nul 2>nul
    IF NOT ERRORLEVEL 1 echo %%i
)
exit /b 0
```

El archivo bat quedará:

```
@echo off
chcp 28591 >nul
if "%1"=="/?" goto Ayuda
if "%1"=="" goto Ayuda

setlocal
set error=0
rem recorrer los argumentos
for %%i in (%*) do (
    echo %%i| findstr /I "^\.[0-9A-Z][0-9A-Z]*$" >nul 2>nul
    if ERRORLEVEL 1 (
        echo %%i no es una extensión válida 1>&2
        set error=1
    ) else (
        for /f %%j in ('call diskletter.bat') do (
            dir /b /s /a-d %%j\*%%i 2>nul
        )
    )
)


exit /b %error%

:Ayuda
echo.
echo localiza archivos por su extensión
echo.
echo sintaxis:
echo.
echo         DIREXT [/?]^| extensión [...]
echo.
echo.        /^?    muestra esta ayuda
echo extensión   de los archivos a localizar
exit /b 0
```

3. Añadir al submenú Nuevo una nueva entrada

Vamos a codificar un archivo bat que automatice la aparición de una nueva entrada en el submenú Nuevo de los menús contextuales del explorador. El archivo se llamará **newAdd.bat** y recibirá como primer parámetro la extensión del nuevo archivo y como segundo parámetro opcional el archivo que se tomará como plantilla para la creación de nuevos archivos. Este archivo plantilla se copiará a la carpeta plantillas del sistema **C:\Windows\ShellNew**.

La creación de entradas en el menú Nuevo del menú contextual que aparece al pulsar el botón derecho del ratón sobre un espacio vacío de la vista de una carpeta en el explorador de archivos

Precisa de la creación de una clave en el registro dentro de la clave que se corresponde con la extensión del nuevo archivo. La asociación de extensiones y aplicaciones se almacena en el registro de forma indirecta, todo ello en la rama **HKEY_CLASSES_ROOT**. Esta rama es una mezcla de la rama **HKEY_LOCAL_MACHINE\Software\Classes** y de la clave **HKEY_CURRENT_USER\Software\Classes**, la primera se aplica a todos los usuarios y la segunda sobreescribe con las personalizaciones de los usuarios. En la rama **HKEY_CLASSES_ROOT** se crea una clave con el nombre de la extensión y como valor predeterminado tiene el nombre del tipo de archivo con el que está asociado. Por ejemplo, la extensión **.txt** tiene una entrada en esta rama y como valor predeterminado tiene **txtfile**. El tipo de archivo, **txtfile**, con el que está asociada la extensión **.txt**, se corresponde con otra entrada en la misma rama en la como valor predeterminado tiene una cadena (**Text Document**, en español **Documento de texto**) que es la que se muestra cuando en el explorador vemos las propiedades de un archivo de tipo **txtfile**. Bajo esta clave encontraremos una subclave **Shell** y bajo ella una subclave **Open,** con una subclave **command** y en el valor predeterminado de esta se encuentra el comando, **Notepad**, que es ejecutado cuando se abre un archivo que esté asociado a este tipo de archivo.

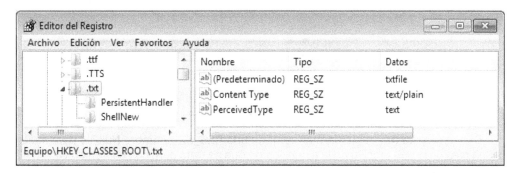

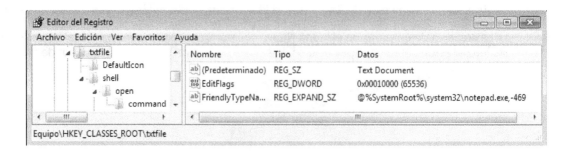

La creación de una nueva entrada en el menú contextual **Nuevo**, se hace creando una clave, bajo la extensión de que se trate, con nombre **ShellNew** (se puede ver en la imagen de la entrada del registro para la extensión **.txt**)

Dentro de esta clave se creará un valor de tipo **REG_SZ** y nombre **NullFile** para indicar que se desea crea un nuevo archivo de la extensión de que se trate pero con contenido vacio. Si se desea crear un nuevo archivo, pero con un contenido prefijado como puede ser una plantilla, se debe crear un valor con nombre **FileName** y como contenido la ruta al archivo de plantilla. De forma genérica las plantillas para este tipo de operaciones se deben guardar en la carpeta **C:\Windows\ShellNew**, también es la ruta por defecto. Por ejemplo, si tuviéramos un archivo **default.htm** guardado en la carpeta **C:\Windows\ShellNew** y quisiéramos crear una entrada para crear nuevos archivos de extensión **.html** que contaran con un contenido inicial tomado desde esa plantilla la entrada en el registro quedaría:

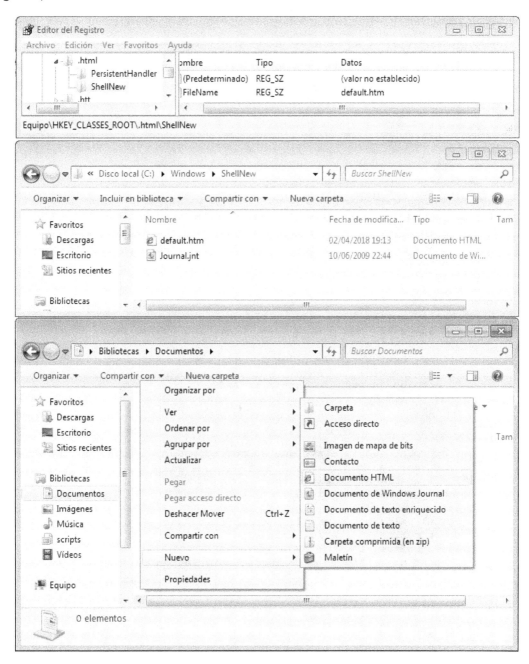

El valor predeterminado de la clave del tipo de archivo (**txtfile** en el ejemplo de los archivos **.txt**) no puede estar vacío ya que es el nombre que se muestra en el menú contextual.

Visto ya como se debe hacer vamos a nuestro archivo bat. Tenemos entonces un archivo bat que debe tener como primer argumento obligatorio una extensión de archivo que puede o no estar ya anotada en el registro. Como segundo argumento opcional puede tener el nombre de un archivo que va a servir como plantilla y que deberá ser copiado a la carpeta **C:\Windows\ShellNew**. Se deberá comprobar que el valor predeterminado del tipo de archivo tiene contenido. Si el tipo de archivo no existiera se deberá crear y asignar un contenido al valor predeterminado. Si el tipo de archivo ya existiera, pero el valor predeterminado estuviera vacío también se le deberá asignar un contenido.

Los nombres que asignaremos por defecto, si no existieran, será *extensión***file** para el tipo de archivo y **archivo** *extensión* para el valor predeterminado del tipo de archivo. En ambos casos *extensión* se refiere a la extensión pasada como primer argumento sin el punto.

```
@echo off
chcp 28591 >nul

rem sin argumentos o con /? mostrar la ayuda
if "%~1"=="" goto :Ayuda
if "%~1"=="/?" goto :Ayuda

setlocal
rem validar argumento primero que deberá ser una extensión
echo %1| findstr /I "^\.[0-9A-Z][0-9A-Z]*$" >nul 2>nul
if ERRORLEVEL 1 (
    echo %1 no es una extensión válida 1>&2
    exit /b 1
)
set extension=%1
rem si viene %2 comprobar que es un archivo que existe
if NOT "%~2"=="" (
    dir /b /a-d-l %2 >nul 2>nul
    if errorlevel 1 (
        echo no se pudo encontrar %2 1>&2
    exit /b 2
    )
)


rem comprobar que la clave que se corresponde con la extensión existe
rem y si no, se crea
setlocal enabledelayedexpansion
reg query HKCR\%1 >nul 2>nul
if errorlevel 1 (
    rem el valor predeterminado será ^<extension^>file
    reg add HKCR\%1 /ve /d %extension:.=%file >nul 2>nul
    if errorlevel 1 (
        echo no se tienen privilegios suficientes para modificar el
    registro 1>&2
     exit /b 3
     )
    set tipoArchivo=%extension:.=%file
) else (
    rem la clave existe, pero puede que la extensión no esté asociada a
    ningún tipo de archivo
```

```
    for /f "tokens=3" %%i in ('reg query HKCR\%1 /ve ^| find "(" 2^>nul')
    do (
    set tipoArchivo=%%i
    if "!tipoArchivo:~0,1!" == "(" (
    rem no hay contenido en el valor predeterminado
    reg add HKCR\%1 /f /ve /d %extension:.=%file >nul 2>nul
    if errorlevel 1 (
      echo no se tienen privilegios suficientes para modificar el registro
    1>&2
      exit /b 3
    )
        set tipoArchivo=%extension:.=%file
    )
    )
)

reg query HKCR\%tipoArchivo% >nul 2>nul
if errorlevel 1 (
   rem no existe el tipo de archivo. Se crea y se da contenido al valor
   predeterminado
   rem el valor predeterminado será Archivo ^<extension^>
   reg add HKCR\%tipoArchivo% /ve /d "Archivo %extension:.=%" >nul 2>nul
   if errorlevel 1 (
      echo no se tienen privilegios suficientes para modificar el
   registro 1>&2
    exit /b 3
    )
) else (
   rem el tipo de archivo existe, pero puede que su valor predeterminado
   esté vacío
   for /f "tokens=3" %%i in ('reg query HKCR\%tipoArchivo% /ve ^| find
   "(" 2^>nul') do (
   set valorTipoArchivo=%%i
   if "!valorTipoArchivo:~0,1!" == "(" (
   rem no hay contenido en el valor predeterminado
   reg add HKCR\%tipoArchivo% /f /ve /d "Archivo %extension:.=%" >nul
   2>nul
   if errorlevel 1 (
      echo no se tienen privilegios suficientes para modificar el registro
   1>&2
     exit /b 3
   )
   )
   )
)


rem aquí, la clave de la extensión existe y tiene contenido el valor
rem predeterminado, o sea, el tipo de archivo
rem comprobamos que existe el tipo de archivo y que
rem tiene contenido el valor predetarminado

rem creamos la entrada ShellNew.
if "%~2"=="" (
    reg add HKCR\%1\ShellNew /f /v NullFile >nul 2>nul
  if errorlevel 1 (
```

```
      echo no se tienen privilegios suficientes para modificar el registro
      1>&2
      exit /b 3
  )
) else (
     reg add HKCR\%1\ShellNew /f /v FileName /d %~nx2 >nul 2>nul
  if errorlevel 1 (
     echo no se tienen privilegios suficientes para modificar el registro
     1>&2
     exit /b 3
  )
     copy %2 c:\Windows\ShellNew\ /y >nul 2>nul
     if ERRORLEVEL 1 (
       echo no se pudo copiar la plantilla %2 a C:\Windows\ShellNew 1>&2
     exit /b 4
  )
)
echo entrada añadida
exit /b 0

:Ayuda
echo.
echo Permite añadir una nueva entra al menú contextual Nuevo del
echo Explorador de archivos de Windows
echo.
echo Se necesitan privilegios de administrador para ejecutar el comando
echo.
echo SINTAXIS
echo.
echo               NEWADD [/?]^| extensión [archivo_plantilla]
echo.
echo. /^?                     Muestra esta ayuda
echo   extensión              extensión del nuevo archivo a crear.
echo                          formato: .extensión
echo   archivo_plantilla      archivo que va a servir como plantilla para
echo.

exit /b 0
```

www.ingramcontent.com/pod-product-compliance
Lightning Source LLC
Chambersburg PA
CBHW060203060326
40690CB00018B/4229